給力

我想教會孩子的事
林晉如的創意班級經營術

林晉如——著

推薦序

原來，七龍珠許願，是真的！

最初認識晉如老師，是因為她的「爆紅跨國級教案」。當孩子告訴她，不想讀書，直接工作賺錢就好。她靈機一動，竟然設計一份「求職學習單」。她讓孩子在報紙分類廣告找「想要的工作」，記下時間、地點、待遇、風險和理由；再讓孩子去計算「每月生活開銷」，包括房貸、車貸、保姆費等。

很神奇的，孩子們突然明白生活不容易。他們的衣食無缺、他們的歲月靜好，都是因為父母負重前行。

當時我讀到這個教學設計，對晉如老師佩服到五體投地。要知道，做為一個老師，最快速的方式是說教、最輕鬆的方式是念課文，但那都無法讓孩子刻苦銘心。只有懂得創造「體驗衝擊」的老師，才能真正帶給孩子一生受用的智慧。晉如就是這樣用心的老師！

當然，我也很好奇，晉如老師的爆紅，是偶然？還是必然？

直到我讀完晉如老師的新書，我敢拍胸脯保證：是必然！

因為她帶孩子學習的方式，從來不是照著課本依樣畫葫蘆，而是向著更好的人生前進。所以，當大家正為新課綱、為素養焦慮的時候。我想，晉如是唯一老神在在的老師，因為素養，早已經成為她教學的主旋律。

在這本書裡，晉如老師要一口氣教給孩子七種能力：分別是情感力、表達力、思辨力、生存力、美感力、溝通力、覺知力。

小時候，我特別喜歡看《七龍珠》的卡通，主角孫悟空等人，他們要蒐集七顆龍珠，只要蒐集成功，就可以召喚神龍來許願，過上想要的生活。那時覺得好羨慕，好希望這世界真的有七龍珠。後來長大才明白，龍珠是真的存在的，不過

不是用雷達去找，而是從你的內心長出來的。晉如老師給孩子的七種能力，就是孩子人生的七龍珠！

像是「情感力」龍珠，很多人早已失落很久，生活只忙著抱怨，卻很少察覺別人對自己的好。晉如老師在班親會前夕，透過影片和引導，帶孩子學會讓父母放心，也向父母表達感恩。此外，晉如老師的情感力教學，不只是在教室，而是擴及整個教育圈。像是我特別喜歡「神明給籤詩」這招，讓大家抽籤詩，來檢視自己努力的方向。有校長抽到「負責」，想到自己常求好心切，而讓底下的夥伴辛苦，竟公開跟大家道歉，贏得滿堂彩。

再像是「思辨力」龍珠，我特別希望所有父母都能擁有。晉如老師一針見血指出，孩子的思維差距是怎麼一步步被拉開的。關鍵就是 1000 小時的閱讀經驗。很多父母為了讓孩子安靜，用電視和手機餵養孩子，久而久之，孩子只接受聲光刺激，無法接受文字薰陶。如何讓孩子贏在起跑點，說穿了很簡單，晉如老師告訴你：「每天陪孩子閱讀 40 分鐘。」

我們何其有幸有晉如老師。她帶孩子成長，自己也努力成長！教學最怕是用過時的經驗，當作金科玉律。但你從晉如老師的教學設計會驚訝發現：

「持續學習」豐富了她的知識底蘊；「課堂落實」改變了孩子的整個人生。

現在，請你翻開這本書，召喚神龍，許孩子一個幸福的未來！

歐陽立中 (Super 教師 / 暢銷作家)

作者序

其實，老師還可以這樣當！

　　每一次演講結束，不管是分享語文教學、閱讀寫作、班級經營、社會領域、生命教育、職涯探索、新課綱、跨域整合等，主持人總是會問臺下老師：「有沒有什麼要問，我們可以請晉如老師解答。」

　　原以為老師會問我教學相關的問題，但是，幾百場演講下來，我發現大家最好奇的竟然是我的「教學背景」。

　　「你是學美術的？」

　　「你的專長是藝術？」

　　「你以前是美勞老師？」

　　小時候的我，除了知道自己喜歡畫畫之外，其他都不會。不喜歡教科書，只愛看課外書。不知道長大以後要做什麼，更沒想過，學業平庸的我，有一天，會成為老師。

　　大學畢業後，我以「美勞專長」考進高雄市成為正式教師，算是學以致用。

　　成為老師的某年某月，偶然在教師辦公室裡，聽到資深老師的閒聊：「那些音樂、美術、體育專長進來的老師，要不是加考藝能科目，以他們那種分數，哪有資格考上大學？」

　　這話，聽得我魂飛魄散，雖然，知道不是針對我，但是，這句話，勾起我求學時的自卑，也因為這句話，我才知道，原來在某些人眼裡，教師身分，是有卑賤之分。

　　教書第一年，在學校專任美勞老師，除了上課，其餘時間就是指導學生參加

各項美術比賽，還要包辦學校各項活動的場地布置，畢業典禮、校慶音樂會、運動會、迎新送舊、情境教學、文化走廊等等。

我總是在布置場地前，花了好幾週準備材料，熬夜加班製作許多花飾貼上牆面。我以為我的認真，會得到同事的肯定與鼓勵，卻在活動結束後，看到下一場等辦活動的人，毫不憐香惜玉，一口氣用力撕掉布置。

這一撕，撕毀我幾週以來熬夜換來的心血，更殘忍撕裂我的心。下一場活動，一樣由我布置，再眼睜睜看著他人，大片大力剝除我層層心意。我彷彿希臘神話中被懲罰的薛西弗斯，每天將一塊巨石推上陡峭的高山，巨石顛簸到達山頂後，又滾回山下，這永無止盡又徒勞無功的任務，曾一度讓我懷疑人生。

教學、比賽、布置之外，我每學期最重要的任務，就是「舉辦學生美展」。在五間教室打通的「師生藝廊」舉辦美展，展出學生整學年度的美勞成品。師生美展結束之後，我開始尋找藝術家入校，到處借畫，接著辦理「藝術家聯展」，提升及豐富孩子們的藝術視野。

當了美勞老師後，我才發現，教學工作之忙碌，簡直到了全年無休的境界。原來「當老師」跟我念大學時想的完全不一樣，一週 25 節課（現在法規上限是20 節），外加比賽、布置、展覽，然後無限循環，每天從進學校忙到放學，做不完的還得帶回家。

每日馬不停蹄的忙盲茫，活動一檔接一檔，除了換來爆肝生活之外，最大的收穫莫過於教學成果相對精采。

當時，香港某國小交流來訪，看到盛況空前的師生美展規模，嘖嘖稱奇又讚不絕口。因為美勞教學成果豐碩踏實，教書生涯的第一年，我就以校慶美展及藝術家聯展等佳績，接受聯合報記者及電視臺的採訪。

　　2010 年 8 月 1 日，新學期第一天，我的教學生涯突然迎來了急轉彎，首次擔任高年級導師，一頭霧水，不知道導師需要具備什麼能力？好奇找來五年級的國語、數學、社會課本，一翻，大吃一驚，我望書驚嘆，原來高年級的課程這麼難，雖然身為老師，但是，隔科如隔山！

　　焦慮從四面八方襲來，當一切都措手不及時，網路公告了編班的訊息。看著電腦螢幕，這三十幾位孩子，就是我擔任高年級導師的首屆學生了。暑假中，我到處研習，一場又一場，希望勤練功，開學好接招。

　　開學前夕，收到處室發來的學生名單，一看，咦？人數怎麼變少了？正納悶時，特別關照我的同事，悠悠的說：「你班上有學生轉走了。」

　　「為什麼？」我大驚。

　　「家長看到編班公告，知道導師是誰後，就會開始打聽有關導師的事情。現在的家長，很會挑導師，太嚴格的不要，太放鬆的不要，不會教的不要……。」

　　「誰是林晉如老師？聽都沒聽過！」

　　「她會教國語、數學、社會嗎？」質疑聲彷彿暴雪般撲面襲來。

　　我一向樂觀，但是，學生轉走，讓我陷入胡思亂想的死胡同裡。求學時的自卑，竟像陽光下的灰塵無處不在，如影隨形。

　　開學後的班親會，因為家長實在太好奇導師的身分，出席率盛況空前。主任還親自入班與家長寒暄：「各位家長，我們這位晉如老師很優秀哦！」看到臺下家長露出支持及肯定的微笑，心想，幸好主任幫忙圓場說話。接著，主任聲音高昂，激動的對大家說：「你們知道晉如老師最厲害、最會教的科目是什麼嗎？」彷彿史上最高金額的樂透彩，即將揭曉。

　　「國語？」

　　「數學？」

　　「社會？」

　　「全能？」家長你一言我一語，紛紛露出期待眼神與中「上上籤」的表情。

「晉如老師最會教的科目就是——美勞科。」最後三個字，鏗鏘有力的巴在家長臉上。

看到臺下驚嚇的臉，原本一無所知的家長，恍然大悟，面如土色，氣氛尷尬到空氣瞬間凝結。

「怎麼會讓教美勞的來當導師？」

「這是懲罰嗎？」

「我們可以換導師嗎？」

可以想見家長極度的失望，因為五年級七個班級當中，就只有我是菜鳥。其他班的導師，都是帶畢業班將近二十至三十年的資深優良教師。這群不幸的家長，確實是抽中「籤王」——菜鳥導師。

開學後的日子，簡直走在火山口的邊緣，尤其身在一群資深老師身邊，家長天天暗地較勁，壓力爆表。我在有限的時間內，瘋狂備課，想盡辦法弄清楚高年級的教科書到底在教些什麼？同年，我女兒誕生，雖然初為人母手忙腳亂，仍一邊哺乳，一邊備課。每日備課之勤慎，晝夜孜孜，比考大學還認真。

儘管還是不時受到質疑的眼光，但我始終相信，你要夠堅強，夠努力，只有經過地獄般的折磨，才有征服天堂的力量。

2014 年，迎來第三屆學生，遇上只想工作，不想讀書的孩子，我設計的六張學習單，看報紙、找工作、買房買車、算出一個月的基本開銷等學習單，在臉書上受到跨國瘋傳，包括香港、大陸及東南亞。這網路數百萬瘋傳轉貼的學習單，讓我及這群學生，成為媒體報章雜誌爭相採訪的一群師生。因為大量的採訪，我與學生，從原本鏡頭前的呆頭鵝，飛躍似的成長，言談猶如河水直傾而下，滔滔不絕。

教學上，為了要拉近學生高低之間的差距，我開始研究閱讀與寫作。2014年，獲得高雄市閱讀薪傳典範教師，讓我在閱讀與寫作教學的努力，受到肯定與鼓勵。

　　2015 年，迎來我人生的「第一場」演講，這場橫跨高中、國中、國小 200 多位教師的「學思達短講」是由郭進成老師籌辦。當我知道首次分享就是「線上直播」，對素人的我而言，簡直是大挑戰。會後，聽到老師們滿滿的讚聲，紛紛要求合照，讓我對演講有了信心。

　　我的「專業」，到底是什麼？原本專任的美勞老師，半路出家成為高年級導師，再一路斜槓出多種身分。往後的教學生涯，就在新聞採訪、電視節目、廣播專訪、寫作專欄、編寫教材、演講寫書中一路交換著。

　　原來，老師可以這樣當！

　　初執教鞭時，在那個網路不發達，沒有臉書，沒有社群，也沒有百家爭鳴、百花齊放的教學專書及資源可以利用的封閉年代。總是在班級經營遇到困難，教學設計遇上瓶頸，在行政自顧不暇，無法專業又即時的協助時，苦撐著永無止盡「心理上」與「環境上」的撞牆期，更在遭受一連串職場霸凌後，我甚至決定「轉行」過。

　　人生很多無奈，更多無解，但走著走著，竟走出一條從沒走過的路。自六張學習單暴紅後，緊接著人生一連串的轉場。

　　我發現，其實，什麼工作都可以精采，端看怎麼行動。在真相揭曉前，千萬不要輕蔑你的挫折與苦難，你永遠不會知道哪一段歷程會成為你人生的伏筆。很多時候，我們缺少的不是機會，而是在機會眼前，重新將自己歸零的勇氣。

　　演講場上，老師們知道我原來是美勞科任，一路拼搏到現在，成為大家看到的我。如果連我都可以從外行看熱鬧，轉進內行看門道，起步比我高的各位，有誰辦不到？

　　學海無涯，教學的傳承與歷程，很難短時間道盡，也沒有仙丹妙藥的捷徑可走。環境的千錘百煉，讓我變成銅皮鐵骨，真金不怕火煉。當我經過漫長的醞釀

與準備，開始著手寫這本書時，內心充滿無限的虔敬。

　　我將這些年教學上的領悟，及錯誤後的修正，還原成課堂上的真實樣貌。從曾經「不要被晉如老師教到」，到現在「到底怎麼樣可以進入晉如老師的班級」寫出一路走來與親師生和樂相處的班級經營心法，希望縮短老師在黑暗中摸索的時間，給出正確的方向。

　　教職，是個很特殊的工作，有著賺錢以外更重要的意義，兼負著影響生命的關鍵。

　　命運就像掌紋，雖然迂迴曲折，卻始終掌握在自己手中。與其在別人的生活裡跑龍套，不如精采的做自己，將自己的角色，詮釋得淋漓盡致。

林晉如

Contents

目　錄

第一章 情感力：凝聚情感與人際經營

第二章 表達力：決勝未來的關鍵

第五章 美感力：為生活帶來新的感動

第六章 溝通力：親師生互動創造三贏

第七章 覺知力：接納是轉化的開始

只要運用一點小創意，
校園裡的每件「例行公事」，
都能成為凝聚班級向心力、促進師生情感
與建立親師良好關係的好時機。

情感力： 第 一 章

凝聚情感與人際經營

1

新學期，相見歡，
快速拉近師生距離

　　暑假結束，開學前的返校日，五年級學生大約九點報到，十一點放學。初次見面的兩小時，做什麼才好呢？

　　返校日通常是週五，如果初次見面是「相見歡」，孩子回家週六、日心情好，週一就能開心迎接開學。如果返校日這天，老師罵東罵西，規矩一堆，孩子知道新學期皮要繃緊一點，週六、日就會在焦慮中等待開學。

▽ 運用現有素材，設計專屬學習單

　　搬完教科書回教室後，距離學生報到還有一個半小時，要玩什麼來拉近距離呢？想到最近看到熱血教師李佳茵——阿茵老師給新班級的禮物，好棒啊！所以我引用阿茵老師的提問，又添加了一些題目，設計成「九宮格學習單」。

　　另外又參考《溫美玉備課趴：情緒表達與寫作的雙卡教學實錄》，運用情緒卡、性格卡，讓孩子核對、思考與選擇，再融入溫美玉老師「糖果包性格卡」的點子，設計成「神明給籤詩」抽抽樂，希望在一小時內快速認識彼此，化解緊張不安的尷尬氣氛，拉近師生、同學間的距離。

九宮格學習單題目

(1) 編班以前，我的心情如何，為什麼？	(4) 看到編班結果後，你家人的反應如何？	(6) 你覺得自己還要再增加哪些個性，就更完美了？為什麼？
(2) 看到編班結果後，我的心情如何，為什麼？	**新學期相見歡** **快速認識彼此** **拉近心與心的距離** 姓名：	(7) 你抽到神明給的籤詩是什麼？準不準？你有什麼想法？為什麼？
(3) 今天看到老師及新同學，不一樣的環境，你的心情如何？	(5) 為了快速認識彼此，請你用「性格卡」自我介紹，並舉一例說明。	(8) 見到老師後，從老師的談吐、態度、互動方式等，你覺得老師是什麼樣個性的人？為什麼？

▽ 親自帶領，營造安全口說環境

　　初接新班，不清楚孩子的寫作力，千萬別貿然丟下學習單就要他們自己完成，這會造成孩子的惶恐與焦慮。所以老師一定要親自帶領，並且為孩子們營造安全的口說環境。引導孩子說出想法，不管孩子回答什麼，謝謝他的主動，只有在安全的環境中，才能讓孩子願意嘗試。很多時候，孩子的發表，可以替「沒感覺」、「不知道」、「不會寫」的孩子搭建鷹架，讓觀望的孩子有學習的機會，刺激思考：「原來他是這樣想的啊！」、「原來這樣說也可以了，我會了！」

　　每一題都請孩子發表，確定都聽明白題目後，就可以放手讓孩子寫學習單。從孩子們的回答，就能看出他們所關心的是什麼。

編班以前，我的心情如何，為什麼？

　　Ａ生：我很焦慮，因為要跟我的好朋友分開了。

　　Ｂ生：我很緊張，不知道老師會不會很兇？

　　Ｃ生：我很興奮，因為可以見到新同學。

　　Ｄ生：我很緊張，希望不要跟討厭的人同一班。

　　Ｅ生：我很期待，想看看能不能和好友同班。

　　Ｆ生：我很興奮也很緊張，也許能和好朋友在同一班，更希望抽到溫柔的老師，但也可能是奢求。

　　從孩子的回答發現，有人在乎的是同學，有人在乎的是老師。不過，大家都不喜歡兇老師。

　　Ｇ生：認真對待這件事情，因為老師關乎我這兩年的表現，假如老師不好的話，我這兩年童年就毀了。

　　（啊！這孩子在乎老師，而且是認真對待啊！每次演講時，當老師看到這個回答，先是哄堂大笑、後是深刻省思，老師教不好，真的會「毀」人不倦。）

看到編班結果後，我的心情如何，為什麼？

　　Ａ生：很開心，因為和麻吉同一班！

　　Ｂ生：超痛苦，和最討厭的人同班。

　　Ｃ生：很絕望，和好朋友分離了。

　　Ｄ生：解脫啊！因為最機車的同學在別班。

　　Ｅ生：很幸福，可以認識更多新朋友。

　　Ｆ生：很得意，因為我抽到最好的老師。

　　Ｈ生：我很失望，功課會寫到半夜十一點，還要做小書。

　　哦，我還沒出功課，怎麼知道功課多？

「是哥哥說的。」

「哥哥是哪一位？」

「我哥是隔壁班的，不是你的學生。」

隔壁班？隔壁班哪知道我班樂在其中啊？

講到這裡，眼角剛好瞄到已畢業的孩子正在爬樓梯，今天也是國中返校日。返校日一結束，她們立刻奔回母校看我，感動啊！看到救星出現，馬上請學姐上臺分享，學姐告訴學弟妹：「我們功課是越寫越快，只要你善用零碎時間，放學前就可以寫完。尤其是寫作，五上寫不出半個字，六下是下筆有如神助。」

別班在安親班常看到我班在寫作，所以感覺被晉如老師教到「很悲哀」，功課很難寫。天知道，你沒身在雲端過，哪知雲端的感覺有多美妙啊！

雖然被誤解，但很開心，一張學習單，抓出盲點與迷失，誤會就立刻解除！

今天看到老師及新同學，不一樣的環境，你的心情如何？

A 生：很高興，有全新的課桌椅可用。（要感謝校長及總務處。）

B 生：我很感激，老師幫我們換了全新的課桌椅。（不是我的功勞，趕緊解釋清楚。）

C 生：我很快樂，新同學都有不同的個性，而且被好老師教到。

D 生：很滿足，有很好的老師和新同學。

E 生：我覺得舒服，因為老師沒有長得很醜。

啊！不知該哭還是該笑，萬一有天我老了變醜，難道就「不舒服」？看到這裡，你知道為什麼要請孩子寫作了嗎？不寫，老師哪知道孩子們在想什麼？原來老師也是要維護學生的「審美觀」，不可有礙觀瞻，好的，我記住了！

看到編班結果後，你家人的反應如何？

A 生：很高興，媽媽說同學都還不錯。

B 生：很興奮，爸爸上網 google 後，發現老師是名師。

　　　（哦！原來家長來這招。）

C 生：覺得很棒，爸媽說給晉如老師教都不用去安親班。

D生：家人很開心，因為媽媽就是希望我編到這班。

E生：媽媽說我很幸運，說晉如老師上過電視，她的教案很有名，我們全家還去吃飯慶祝。

F生：很感動又很驕傲，媽媽跑去跟鄰居炫耀。

G生：媽媽很不爽，要幫我轉學，因為我跟籤王同班。

看到要轉學，我很驚訝！G生說他小一到小四都和這位同學同班，媽媽早放話，五年級若不幸再跟他同班，一定轉學。

「你跟他處不好？你倆常惹糾紛？」我開始緊張……。

「哪有啊？拜託喔！他是我人生最好的朋友，我也是他最好的朋友！我倆是超級麻吉好不好，是我媽不喜歡他而已。」

我懂了，人生就是冤家路窄。無情荒漠有情天，自古有情難拆分，少爺友情難被認同，老師就努力化糾紛。

為了快速認識彼此，請你用「性格卡」自我介紹，並舉一例說明。

A生：我很害羞，上課完全不敢發言。

B生：我很固執，只要決定了，就不會再改變。

C生：我很勇敢，我上次一個人走吊橋都不會怕。

D生：我很被動，在家都是媽媽叫我才動，叫了我也懶得動。

E生：我很膽小，晚上怕黑又怕鬼。

F生：我很獨立，我敢一個人在房間看書。

G生：我超自戀，我說林志玲是我姐姐，宋仲基是我哥哥，我全家基因都超好的。（哇哇哇！打星星做記號，為什麼剛剛都沒發現班上有美女？不過，自信總比自卑好。）

看到孩子們的回答，覺得他們「自我覺察力」不錯，挺認識自己，甚至認清自己的缺點，樂意且大方寫出來。

你覺得自己還需要再增加哪些個性就更完美了，為什麼？

A 生：聰明，這樣考試就可以一百分。

B 生：聰明，我很笨，都考不好。

C 生：冷靜，我做事常常很衝動，闖一堆禍。

D 生：謹慎，我常忘東忘西，忘記帶便當盒、水壺、鉛筆盒。

E 生：獨立，到現在我還不敢一個人在家。

F 生：大膽，晚上我都不敢到客廳喝水，渴死我了。

G 生：我覺得不用再增加了，做自己就好！（說得對，做自己就是了！）

H 生：幽默，我希望以後當老師，幽默上課，這樣學生會很喜歡我。（原來
　　　這孩子想當老師，初次見面得知天大消息，看來，這孩子以「實習生」
　　　之姿在職前訓練，好的，我得更加幽默才行。）

見到老師後，從老師的談吐、態度、互動方式等，你覺得老師是什麼個性的人？為什麼？

A 生：好好笑的人，晉如老師講話很搞笑。（可以用「幽默」嗎？）

B 生：貼心，老師會考慮大家的心情，說寫不完也沒關係。（誰知道你們竟然
　　　寫不完。）

C 生：很聰明，老師懂好多事情。（老師只是年紀贏你們很多。）

D 生：很熱情，老師一直和我們說話。（難道可以不理你們嗎？）

E 生：老師很溫柔，老師跟我們講話都很溫柔。（現在大吼會被投訴。）

F 生：老師是個有趣的人，上課用有趣的方式教學。（不有趣你們就睡著
　　　了。）

G 生：剛上來的時候，一路看到其他班老師都在罵人，只有我們老師最溫柔。
　　　（挺胸）

H 生：老師膽大，因為都敢直接跟我們互動。（哈哈！你們是毒蛇猛獸嗎？不
　　　過就是貨真價實的小屁孩，老師當然敢直接跟你們互動啊！當小學老
　　　師就是這麼開心，天天笑噴，讓我心境永遠像小學生。）

▽ 「神明給籤詩」，笑鬧中說真心話

寫完，開始抽抽樂，最開心的來了！

為了放鬆心情，建立好印象，老師特別去買了超好吃的巧克力，把希望送給孩子的能力打好列印出來，一個個剪下折好，再用隱形膠帶貼在巧克力上。

每個孩子都引頸期盼，想知道會抽中什麼，也想吃老師說超好吃的巧克力。我預告籤桶內的「籤詩」張張不同，會抽中哪一張是上天的決定，就盡人事，順天意囉！

改變	發表	尊重	停止抱怨	冷靜	友善	負責
體貼	笑臉	自信	不怕失敗	讀書	放下	同理心
積極	膽大	堅持	解決問題	慈悲	助人	勇氣
主動	獨立	謹慎	放下身段	用心	創新	感恩

你抽到神明給的籤詩是什麼？準不準？你有什麼想法？為什麼？

A 生：「停止抱怨」。可能是我一直在抱怨，因為我常抱怨衣服太少了。

B 生：「膽大」。我覺得很準，因為晚上常怕「有東西」跑出來。

C 生：「發表」。因為我很害羞，上課都不敢舉手，以後要改進不要再害羞了。

D 生：「堅持」。太準了，因為很想放棄鋼琴，煩死了，但是又想成為鋼琴家。

E 生：「慈悲」。我真的超需要慈悲，因為我不會放別人一馬。（「我不會放別人一馬。」這孩子真是很不簡單，小小年紀竟然如此洞察自己的個性，這可是許多人都做不到的啊！）

▽ 「籤詩」智慧，讓現場教師也有感

暑假開學前的教師備課日，我也都會跟老師分享這個遊戲。高雄市東光國小有位老師抽到「放下身段」，發表時她哀怨訴說：「我覺得很不準，怎麼會這樣？

我在班上身段已經很低了，回到家我是全家最小的，我都已經貼到地板，被逼到牆角，還要怎樣再放低？」

　　廟裡的解籤應該有很多種解讀，沒有統一答案，但我想解籤的人通常都會說，只要你問心無愧，天神自會保佑你萬事清吉平安。所以，我跟老師說：「天神是肯定你身段竟然可以放這麼低，祂是說你很棒！」臺下聽完大驚，喜從天降，對於解籤人與天神互通暗號，紛紛敬佩不已。

　　高雄市彌陀國小有位資源班老師抽到「聆聽」，她說教資源班教得很無力，學生一直學不會，老師有「教學的無助感」。抽到「聆聽」令她深思，現在開始要放慢速度，好好聽聽孩子的想法。

　　這當中令我印象最深刻的，就是在高雄市鳳山國小的教師備課日，校長抽到「負責」。大家向來最愛聽校長說心裡話，我請校長發言，校長說：「長久以來治校嚴謹，因為個人責任心太強，所以對老師要求很多，感謝老師這麼認真教學，增加你們很多的壓力，校長在這裡要跟你們道歉，對不起。」

　　隨即迎來眾人熱烈的掌聲，現場氣氛令人感動！我壓根沒想到，一張籤詩會讓校長跟老師道歉！我向來最尊敬積極認真又有責任感的人，對於鳳山國小這樣熱血的教學團隊，我突然想起張輝誠老師轉述中山女高前校長丁亞雯的話，此話對他產生無比激勵，對我亦同，馬上轉贈在場的老師：「只要對學生有利，就是為臺灣有利。」

　　任教高年級的某位老師，他激動的說抽到「智慧」，對任教二十年的他而言，真是讓他省思自己的「神籤」。自己教學有感，生活有感，人生如何迎來「智慧」？智慧，其實是磨難的生活換來的。磨難是生命的一種過濾，磨難是生活的一種苦藥，苦藥下肚，卻能讓你身強體壯，從負重的身心濾出坦然的心智，從艱難的生活濾出強大的意志。

　　人生如天氣，可預料，但往往出人意料。時間如篩子，終會淘去一切沉渣，淬煉出活著的價值。洪蘭教授在《學會思考》中說：「如果你能多打開一個孩子的眼界，多啟發一個人的心智，這世界會因為這孩子而不一樣，這孩子會因為你而不一樣，你就改變了世界，也增加了自己存在的價值。」

　　我想，人生最終目的是在創造自己與他人不朽的價值。

▽ 一份學習單，看見孩子內在的情緒與情感

初次見面，就讓孩子寫學習單，有些老師不免覺得難度很高，連孩子都覺得很有挑戰，怎麼說呢？

當返校日放學鐘聲響起，孩子陸續交回學習單並跟我道再見時，有三位孩子竟然提出，可不可以再等他們一下，他們想要寫完後再回家。哇喔！還沒開學，如此積極的學習態度，讓老師感動不已。突然有個別班孩子往教室內大喊：「哦喔！才返校日，你們就被老師留下來！哈哈哈！可憐喔！」

我一聽，想必是故友的嘲弄，三位孩子臉上一陣錯愕與尷尬。我馬上走到窗邊，對著那孩子說：「你知道他們為什麼會留下來嗎？」

「一定是他們不乖，沒有寫暑假功課，哈哈哈！」孩子一副神算模樣。

「不是哦！誤會大了啊！你同學是因為非常認真，他們想把剛才發的學習單寫得更完整，所以自願留下來的。」

「哦哦哦！返校日就要寫學習單喔！」故友一臉吃驚。

「你同學這麼優秀，有沒有覺得，有這樣優秀的朋友，感到非常驕傲呢？」我問。

「老師，我……我……可以進來看看他們在寫什麼嗎？」

到底是什麼學習單可以讓老同學堅持寫完才要回家？故友忍不住進來看看，看到同學密密麻麻寫了一堆答案，然後，面露驚恐。

「現在你知道，你同學很厲害了吧！」我說。

還沒開學，老朋友已經悄悄變得更認真努力了，故友帶著驚嚇的心情離開教室。三位孩子陸續交上學習單，臉上淨是開心，感謝老師的解危。

孩子離開教室後，我仔細閱讀每一張學習單，一邊從孩子的回答中，核對孩子的模樣，一邊想著原來他怕鬼，原來她勇敢，原來他是熱心助人但又調皮啊！

「神明給籤詩」抽抽樂，每一屆孩子都玩得開心，許多老師也對這個活動讚賞不已。短短的返校日時間，可以看見孩子真實的內在情緒與情感，師生互相交心，化解緊張與不安。

開學週不妨也在班上試試看這個活動，不管任教哪個科目，通通適用哦！

2

開學前，
親師生必知教戰守策

　　寒假、暑假告終前，總是要關心班級孩子的身體與心靈是否已經調整好，準備迎接新學期了嗎？相信許多孩子一定還在與假期拉扯，沉醉在「睡到自然醒」的悠哉步調中，甚至聽到要開學了還會大叫：「怎麼這麼快就開學啦！」、「救命啊！我的暑假作業還沒寫完」、「可不可以不要開學啊？」老師及家長該怎麼做，可以有效減少孩子的開學焦慮，讓孩子輕鬆面對新學期呢？

▽ 提早準備，減少焦慮

　　在這裡提供幾個開學前的教戰守策，老師及家長不妨按步驟檢視一番，協助孩子完成開學前的各項準備工作，提早進入備戰狀態，適應新學期的改變。

調整生理時鐘，提早上床及起床

　　暑假開始後，因為不用趕著上學，許多孩子的生理時鐘跟著調整到「慢速」，暑假睡到九點、十點，甚至睡到中午「自然醒」，早餐中餐合併吃。晚起床的原因多數是太晚上床所致。開學前一週，家長不妨帶著孩子，開始微調每天上床的時間，提早 15-30 分鐘上床。起床的時間則逐步從十點、九點、八點半、八點往

前調整，讓孩子的生理時鐘逐漸接近上學時間，千萬別在開學日當天驟改，讓孩子在睡不飽及壞情緒下迎接開學。

整理書桌及讀書環境

不論是升上新年級或是小一新生，都應該把開學後使用的書桌及讀書環境整理好。將書桌清理乾淨，移除不使用的舊書、無關學習的玩具、擺飾品、勞作材料等，空出準備放新書及書包的位置，並檢查書桌的照明設備是否不足，座位的高度也應視孩子的身高適當調整。

完成暑假作業

很多人都有暑假前一天拼命趕寫作業的窘況，這似乎是我們回憶童年生活的一部分。孩子前一天拼完暑假作業，可想而知作業的品質必定大打折扣，當然，開學日孩子的心情必然鬆懈不了，因為臨時抱佛腳的作業，品質粗糙，字體龍飛鳳舞，有教學經驗的老師通常一看便知，孩子的心理壓力自然增加。

家長可以提前一週關心孩子暑假作業書寫的進度，避免開學日前晚「熬夜加班」，拖到最後一刻，家長勢必少不了在背後「大小聲」，打壞開學前大人與孩子的情緒。

備齊開學文具及物品

年級越低的孩子，對時間的概念越不成熟，需要大人從旁輔助。為了營造「即將開學的氛圍」，家長可提前與孩子仔細確認開學需要，以及要更換的文具或物品，帶孩子去書局補充新文具。

有的老師會發「文具及物品清單」，爸媽不妨帶著孩子一一核對，例如鉛筆、橡皮擦、紅藍筆、螢光筆、直尺等都是基本配備，用完的彩色筆、彩紅筆、膠水、膠帶、雙面膠等也應補充，剪刀的大小也應隨著年級更換，方便手指的操作。

家長可為孩子準備一個收納箱，當成用具的家。此外，抹布、牙刷牙膏、室內拖鞋等物品也一併檢查或更換。開學前，準備好所有物品，可以安頓孩子的心

理狀態，有著「充沛的武器」陪伴開學，也會讓孩子對開學日充滿期待。

帶孩子去學校散散步

小一新生或是升上新年級的舊生，不論是面臨校園新環境，或是換新教室(換新大樓)，家長可以利用空閒時間，帶孩子去學校散散步，藉由東走走西看看，一方面讓孩子熟悉新環境，或喚回熟悉感，看看自己的新教室在哪裡，學校有哪些建築物，各處室及保健中心在哪裡；另一方面也讓家長自己與學校的連結增強，日後孩子分享校園生活，對孩子的話題也比較有位置概念。

根據臨床心理學家瑪莎‧史翠斯（Martha B. Straus）給父母的建議，併肩交談，不是面對面直視孩子的眼睛，降低壓迫感，孩子比較容易打開心房與家長交談。爸媽可以利用散步的時候，和孩子交換開學後對學習的想法，或是對孩子說些鼓勵期勉的話語、加油打氣、關心問候，為孩子的開學準備增添溫度。

安排「收心餐」或「收心遊」

開學前一個週末，找一個沒有外來干擾、舒適的空間，安排一頓「收心餐」或「收心遊」。有的孩子整個暑假都是在安親班或補習班度過，從早待到晚。開學前，家長不妨騰出一小段時間，讓孩子及自己好好放鬆一下，吃頓輕鬆的餐點、踏個青或看場電影，一起調整開學後的心情。此刻，爸媽可以將話題聚焦，告訴孩子假期即將結束，預告新的學期一起努力，展望未來。

面對黑暗，與老師攜手同行

教學歲月中，曾遇過爸媽在暑假中離異，孩子的暑假在惶惶不安中度過。也遇過開學幾個月後，輔導室調查資料中的親屬欄，孩子突然勾選「母歿」欄位，才知暑假中，母親因久病厭世而自殺。兩個月的暑假過後，有可能會出現「景物依舊，人事已非」的情形，或許是因為低調及家事不願外揚，老師多半不會知道家裡「突發變故」。

由於孩子的身心尚未發展成熟，孩子的情緒多數會受到極大的波動，在找不

到心靈的出口，遂轉為情緒低落、不穩定，甚至會有失控、崩潰的行為出現。關心孩子的身心狀況，幫助孩子走向更健康安穩的學習之路，也是老師的職責之一。

　　如果家長願意敞開心胸告訴老師，老師就可以提早知道孩子被黑夜籠罩，必定會特別關注孩子的學習及情緒，想方設法帶孩子走出被黑暗吞噬的角落，讓孩子看到深淵盡頭的微光，重新燃起對生活的希望。一起陪伴孩子，攜手同行，協助孩子走出人生的低潮。

3
班親會，
藉機教會孩子愛與感恩

　　班親會除了老師報告學期重點行事，提出哪些事需要家長協助，說明一些關於分數、班級常規、作業安排、戶外教學等事宜外，更重要的是，家長想認識老師，想知道老師對教學的態度與熱情如何？因此，新接班級的一、三、五年級，班親會的家長出席率最高，是家長了解老師最重要的管道。

　　班親會上，老師可以用心安排活動，讓家長明白老師對教學的用心，日後班級活動需要家長情義相挺時，家長就更容易成為班級的助力，一起創造親、師、生三贏的局面。

孩子惜字如金，親子關係相敬如冰

　　在學校裡常聽到孩子抱怨生活，嘴上說明白家長很辛苦，仍每天嫌東嫌西，怪媽媽太嘮叨，怪爸爸不買手機等等。不少家長對我說，孩子越大，彼此交流的言語越趨精簡，不像小時候常黏在身旁，嘰哩呱啦講個不停。放學後，每每家長想探知孩子二三事，總是得到「啊就一樣啊！」、「沒什麼特別！」、「有什麼好問的啦！」、「煩耶！」等回應，不然就是直接搖頭，當個省話一哥，馬上逃入房間。

還有一些情形是，家長下班後已經累垮，孩子從安親班回來，洗完澡也八九點了。大人小孩都身心疲憊不堪的情形下，所有談話與眼神交流都迅速結束，就像秒傳 LINE 貼圖一樣，精簡有力不囉嗦。

甚至也有已經升上國中的孩子家長，回頭請我幫忙：「老師，我兒子上國中後，整個人都變了，都不跟我說話。我知道他很信任老師，你可不可以跟他聊聊……。」

高年級的孩子對父母越來越「惜字如金」，為此，我想開啟「親子對話」的窗口。

「爸媽把你養這麼大，心中總該有感恩的話要說吧？」我說。
「我每天都被罵，不要被打就不錯了，還感恩咧！」男孩大叫。
「你還能被打，代表你爸媽很健康啊！」臺下哄堂大笑。
「吼呦！不是還有母親節？母親節再寫就好了啊！」大家紛紛點頭稱是。

這下子，換我被驚到了，原以為簡單的事，卻沒有得到孩子們的認同。

感恩，竟然這麼難說出口？藉由班親會，我決定要讓孩子們「有感」這些年的成長，認真思考爸媽把你養這麼大，是多辛苦的歲月。

▽ 一支影片，開啟對話窗口

因為編寫教材的緣故，收到公共電視寄來一支有關生命教育的影片——【專題生命教育 2：練習說再見《青春發言人》】，原以為過去在班級所做的生命教育已足以撼動人心，在看到他們的影片後，卻震懾不已。

臺灣的天災人禍說來就來，像是之前的臺南大地震、花蓮大地震，每幾年就動盪不安一次，2020 年初更是迎來新冠肺炎，造成全球性恐慌，生命顯得更加脆弱。感恩不及時，下次待何時？我請孩子放下布幕，打算讓大家一起看這支影片。

影片播放前，我一反常態，刻意什麼都不說，直接讓孩子觀看。影片一開始，場景怪異，一位穿著白色壽服的女學生躺入棺材內，口白道：「死亡也能體驗嗎？位於苗栗的仁德醫專有一堂特別的死亡體驗課程，今天參與這堂課的主角們是一

群護理科專三的學生……。」

原本班級裡躁動的氣氛瞬間消失，取而代之的是摒氣凝神。大家都好奇的關注，人「往生」後該何去何從。影片中護理科的學生親自體驗了「死亡之旅」後，放聲痛哭，因為「說再見」是很難練習的，她哭說自己還很年輕，不想這麼早就離開。又說自己的媽媽得了乳癌，曾說如果有什麼三長兩短，要放棄急救……。體驗完死亡體驗課程，學生紛紛對人生改觀。

四分零九秒的影片，看完後，全班靜默一片，像在沉思什麼。我轉過身一看，剛才唉叫最大聲的男孩，眼眶泛淚，其他孩子淚眼朦朧……。四分鐘的影片，讓孩子明白「生命的長度」是有限的，何時會結束，沒人知道。

▽ 四個引導，將感謝傳遞出去

看完影片，我給孩子四個下筆的引導方向：

❶ 向爸媽簡單報告自己在學校的生活，是否讓父母安心？

❷ 在家對爸媽態度不好的地方是什麼？請舉出幾例。

❸ 針對以上缺點說明自己如何改進？

❹ 愛與感恩要趁早，寫下對爸媽的感恩。

接下來，孩子自動舉起筆，動手寫下對爸媽的話。總算，孩子的想法和我一致了，不用多說，生命的長度是有限的，把握當下。

親愛的爸爸媽媽，我在晉如老師的班級過得很好，課業有時高有時低，還有我要對你們說抱歉，平常我口氣差、要脾氣（爸媽）造成你們的困擾，謝謝你們這12年的照顧，上國中我會自己打理讀書，不用你們操心，爸媽我愛你們。

▲ 岡山國小 張育民

親愛的爸媽，我在學校我可以照顧自己，人際關係也很好，課業及學習態度良好。平常要叫我做家事時我都會說「等一下」或者是「煩ㄟ」等之類的，我很抱歉，只是我只想做自己的事不要有人煩，其實我很愛你們，超級在乎你們。

上了國中以後我會更努力認真學習，不會讓你們操心，我真心誠意的感激，謝謝這12年來的照顧我！

（要多加油的！請加油）

▲ 岡山國小 王藝絜

1.Hi！媽，我知道您很關心我在學校過得好不好，每天都會問我做了什麼事，上課有沒有專心，有沒有愛講話，但是我不是沒理您，就是用「嗯」、「嗯哼」字眼回應，對此我感到非常抱歉！
我在學校的生活不管是課業、學習態度、或是人際關係一切都超級棒！總之，我已經可以自己照顧自己，不需要您操心，我會繼續努力的！媽媽，我愛您！（岡山國小　張育睿）

2.在爸爸眼裡，我可能是那個功課拖到晚上快十點才會寫的小屁孩，但是我的功課都有準時交，雖然常常忘東忘西，但是我有很多朋友，他們都會幫我。剛轉學來的時候，我很擔心跟同學不合，現在您可以放心，我過得很快樂！雖然在家常讓您生氣，但是我只是在生自己的氣而已，上國中後我會繼續努力，謝謝爸爸這十幾年來的照顧。爸爸您辛苦了！（岡山國小　張家瑄）

3.親愛的爸媽，我在班上一直過得很好，因為有晉如老師的教導。媽媽，對不起，平常我都和弟弟吵架，造成您的困擾，我以後不會再跟弟弟吵架了。謝謝你們這十二年來的照顧，每天你們下班還要接送我和弟弟，還要帶我們去吃飯，你們養家真的是很辛苦，謝謝爸媽，我愛你們。（岡山國小　陳睿炘）

4.給親愛的爸媽，我在學校過得很好，在家雖然常常對你們發脾氣，或是有太多的意見，但我還是很愛你們，謝謝你們把我養到這麼大。I Love You ！
（岡山國小　洪雁甯）

5.媽媽，我在學校很好，你不用擔心我。雖然在家你常要我去做什麼事，但是我都找藉口拒絕，其實我只是懶得做而已。但是，我心裡是非常感謝媽媽，我會繼續當個好小孩，請媽媽不要為我擔心。（岡山國小　張庭甄）

　　看完孩子們寫的文字，發現「家家都有本難念的經」，愛打架的、找藉口的、偷懶的、頂嘴的……，每個孩子在家的「症頭」都不一樣。孩子們訴說自己在家讓爸媽擔心的事，也謝謝爸媽的包容與體諒。看著看著，我也被孩子們的文字感動了。

　　原本這些感謝文，是準備在班親會時拿出來給家長看的，但是，考量有些家長無法前來，或來一下又轉去弟弟妹妹的教室參加班親會，可能也會錯過。於是，臨時決定改用 LINE 轉發給每一位家長。

肺腑之言嚇壞家長，帶來意想不到的大和解

　　原本我以為家長看見孩子的「肺腑之言」，會表達「非常感動」。但是，出乎意料，家長紛紛「魂散九霄」，嚇得目瞪口呆，還驚問老師：

「請問老師，孩子是發生什麼事？」

「他怎麼會寫這個？」

「老師，這是什麼活動？」

「老師，你在上什麼課？」

　　待家長「震驚」的心情平緩後，才陸續傳來肯定的話語，跟老師說：

「原來我們的努力孩子都看得到。」

「孩子總算知道要感謝了！」

「昨晚他還在和媽媽大小聲，謝謝老師，看到孩子寫的，我好感動……。」

「實不相瞞，前幾天在家發生一些事，孩子講出曾經多次想要輕生的念頭，讓我超級難過及震驚……。」

　　沒想到文字一出，好像孩子與爸媽的「大和解」，甚至家長開誠布公說出老師不知道的家務事。當晚，和不少家長聊起來，聽到不少爸媽的「苦水」，突然覺得，當爸媽真的是不簡單，面臨即將步入青春期風暴孩子的身心轉變，各位家長都辛苦了！

　　看見其中一位女孩的感恩文字寫著「生日快樂」，我一頭霧水，丈二金剛摸不著頭緒，給父母的感恩怎麼會寫生日快樂？

「因為今天剛好是我爸媽的生日。」

「是爸爸生日？還是媽媽生日？」我是聽錯女孩回答嗎？

「爸爸媽媽是同天生日，就是今天。」女孩說。

「哇哇哇哇，所以，這篇感謝文變成生日禮物了嗎？」我問。

「對，變成生日禮物了！哈哈。」女孩笑著回答。

女孩真是聰明啊！藉由班上的活動，順勢搭上順風車，不但寫出了自己的感恩，也祝福了爸爸與媽媽的生日，讓媽媽忍不住傳來：「老師，你的活動對孩子真的是神救援啊！」

沒想到一個班親會的準備活動，帶出這麼多平常看不到的面向，也看到家長與孩子的互動。我想，這個國小階段最後一次的班親會活動，應該讓爸媽與孩子都記憶深刻吧！

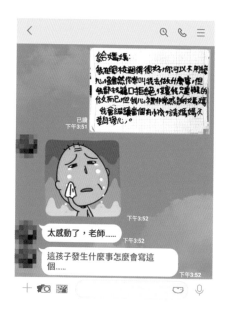

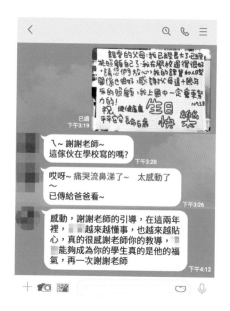

4

運動會，
凝聚班級向心力最佳時機

　　校慶運動會，正巧在聖誕節前夕，整個 12 月，為了迎接校慶，教室裡裡外外忙著布置，聖誕節的歡樂氣氛也提前到來，而更多的是運動會前的練習。

▽ 運動帶來正向情緒，讓孩子更醒腦

　　每天早自修要練大會操、練大隊接力、練進場舞，原本以為第一節上課時，大家應該都累了，卻意外發現孩子非但沒有倦了，精神反而更好。科學研究發現，人在運動時，大腦會分泌多巴胺、血清張素和正腎上腺素，這三種都是對學習有幫助的神經傳導物質。運動後多巴胺濃度升高，情緒導向正向，而情緒又跟學習有關，正向的情緒能增加孩子學習的意願。藉著運動促進血液循環，增加大腦血流量，大腦細胞得到更多養分，變得更加有精神。運動後，小朋友有「腦醒，身也醒」的感覺。我想，這就是為什麼在早自修運動後，孩子的學習更有活力的原因。

▽ 練習與競賽，加速凝聚班級情感

　　運動會這一個月，明顯比其他月忙碌。高年級的孩子正面臨身心轉變，同學之間的挑戰與磨合也特別多，有時還沒合作就先吵架。但是在運動提升的幫助

下，孩子每天神采飛揚，目標只有一個，就是同心齊力將苦練成果，完美呈現。

　　長久教學以來，我深刻感受到，在和諧的班級氣氛中孩子比較快樂。學習也比較有成效。我很高興孩子明白現在不是個人英雄主義的時代，想要成功，就必須有團結合作的精神，只有展現合作，才能快速凝聚班級向心力，團隊才能強大。

　　「趣味競賽」靠的是團體戰，人人都要下場比，倒是「大隊接力」，只有全班三分之二的選手下場跑，帶班這麼多年來，不管賽前如何加強，每天體能訓練，歷屆跑者再勇猛高大，成績都是學年「倒數」。我想「飛毛腿」應該是天生的，後天練習也難以立竿見影。

　　這次，大隊接力我們一樣練習，雖然每屆就算狂練，名次都還是倒數，似乎是個打不破的魔咒。沒想到，這一屆最後居然跑出佳績，打破了晉如老師班級「不擅跑步」的魔咒，孩子們與我都為之振奮不已！跑出好成績後，全班充滿信心的對明年運動會喊話，下次要更用心練跑！

　　這個月一同練習，一同競賽，整班都在賣力與賣命，大家奔赴共同目標的決心超級強大，快速凝聚師生情感。訓練的過程中，全班孩子彼此認識更深，感情更濃，對於團體榮譽體悟更深刻，願意拋開個人，只為了爭取榮譽。以前大家覺得「不一樣」是件很可怕的事，不一樣會被同學排擠，不一樣會造成同學麻煩，不一樣也會造成自己與老師的麻煩。但是，我們沒有放棄在運動場上的不一樣，因為如此，我們才能與眾不同，才能挑戰自我，追求卓越。

▲ 跳躍歡慶勝利。

跨屆扶持，見證孩子們的成長

每年運動會這天，我最期待的，就是畢業生回娘家共襄盛舉，探望老師。接近中午，學長姐補完習也陸續回娘家，一下子教室擠爆，上一屆、上上屆、上上上屆與這一屆的孩子，故友相見格外開心，連隔壁班畢業的孩子也興奮的來探望我。

每年1到12月，通訊軟體就開始加倍熱絡起來，那種濃得化不開的師生情誼，彷彿早已昇華成親情，讓我每年這個時候就開始想念孩子們。6月畢業，不過才半年，男孩從小個頭一下子衝到170公分，女孩也一下子抽高，長高十公分真的一點都不誇張。

臺下的孩子，看著學長姐回來看老師，再輪到自己畢業也變成學長姐，回來探望老師。一個班上同時存在好幾屆的孩子，因為運動會，透過老師的牽線，前後屆不但認識，還成了臉書好朋友，這種師生情誼間的微妙變化，若不是帶高年級，大概永遠體會不了。

這屆大隊接力最後一棒榮耀歸隊時，不慎被別班撞倒，膝蓋著地，水泥地擦過肌膚，馬上泌出明亮的血痕，一看到傷口淌出鮮血，我的暈血症發作，還沒救人自己就快要昏倒。

「送保健室」是我第一個想法。

但是，保健室在那遙遠的對岸，要先穿越操場密密麻麻的千百群眾，再擠出人群爬上樓梯。這麼遠程，選手痛到彎腰，似乎無法自己步行到保健室，我該怎麼辦？正煩惱時，站在我身旁上上屆的大學姐，二話不說背起小學妹，衝過人群直往保健室殺去。看見她扛走小學妹離去的背影，我內心真是激動不已。

擦完藥，大學姐又一路劈閃操場混亂的群眾，安全護送小學妹回教室。這種跨屆扶持的情感，令人欣慰。

聯繫歷屆孩子情感的最佳機會

運動會結束，全校大放學後，就是我最期待的時刻，能和畢業的孩子們團聚暢聊國中生活。藉著運動會，我在這迎接在外打拼的他們歸來，所有漂泊的遊子

都回班探望老師，回班是為了那份師生情，為了那份對班級揮之不去的眷戀。

每一屆班級布置，都有我的暗藏玄機，教室的四周，總有各屆孩子的照片或是學習單。說穿了，是老師捨不得，我捨不得把所有回憶一口氣撕光光。

回班的學長姐看到牆上的學習單，互相笑噴對方當年思想幼稚；文章寫這麼爛，還被老師貼在布告欄；美勞做這麼差，怎麼沒被學弟妹破壞；笑虧同學小時候怎麼長得一副蠢樣；卡片上字寫得那麼醜，老師竟然還貼在愛心板上……，看著他們圍在一團嘻嘻哈哈，幸福與感動就在教室裡流動。

過期的學習單，不過期的寫作力；過期的勞作，不過期的創作魂；過期的卡片，不過期的思念；過期的畢業典禮，不過期的情感。

看著前後幾屆的孩子每年運動會歡聚一堂，常常有人問，我怎麼讓上下屆的孩子變成這麼融洽的好朋友？

平常我常在班上講學長姐的故事，看他們如何從失敗中汲取教訓，戰勝自己，讓孩子向學長姐看齊。因為拿聖人當典範感覺很有距離感，遙不可及，從學長姐的經驗，孩子比較容易體會，只要好好努力，有一天也會像學長姐一樣優秀。到了運動會時，就是「實境真人秀」，學長姐都會在運動會回娘家，孩子們可趁機一睹學長姐的盧山真面目。我會在學長姐一進教室，馬上介紹給學弟妹們認識，並請學長姐上臺分享國中生活，拉近距離。

藉由老師的臉書，孩子有機會在平臺上交流，將來六下畢業準備念同一國中的，老師還會請學長姐特別關照。晉如老師的學生，不管哪一屆，We are family。

一屆復一屆，人來又人往，孩子因為老師的關係延伸出深厚的情感，人生有了經歷才會領悟，有了體會才會懂得，在不同的環境裡，有不一樣的收穫與錘鍊。有幸參與孩子寶貴且無法重來的成長，此刻，我真以身為教師為榮。

▲ 學長姐們也分享喜悅。

▲ 跨屆孩子回娘家，一起擠爆教室。

5

畢業季，
回顧成長軌跡與展望未來

畢業季來臨，代表兩年過去了。總是會在這時候覺得，為什麼國小一屆只有兩年？中年級分班後再融合，五上一開始，是班級最混亂的「戰國時期」。

五上，孩子血氣方剛，好勇鬥狠，自律性甚弱，每天都有人孫悟空附身，上演大鬧天宮的劇碼。每天都有人打破歷史紀錄，挑戰老師人生極限。

▽ 畢業前夕，回顧成長軌跡

我不厭世，但五上一開學，的確會讓人厭世。我得憑著高度敏銳的特異功能：開天眼、招魂術、心電感應、先知先覺、前世回溯、七十二變等，並透過 LINE 與爸媽不斷「通靈解讀」，以便成功破案，開釋道義。

接著，我費盡心思，竭盡全力用「閱讀」拉齊全班水準，讓閱讀成為班上的「現在進行式」及「隨時進行式」。閱讀進駐班級後，「大開殺戒」的場面已不復見，取而代之是彬彬有禮，腹有詩書氣自華。

五下時，全班孩子陸續領取學校閱讀獎項的最高榮譽—銅、銀、金牌。六上時，不用開口，只要一個眼神交會，師生便可傳情、傳意、傳知識，心有靈犀一點通。到六下，畢業前夕，孩子們憶及過往，會向老師告解以前的自己一定是「被鬼附身」、「乩童起乩」。

　　總是在這樣師生相處最舒服、最自在，每個人都可以溫和的、優雅的相處時，就是離別的開始。總是在這樣自律性最高的時候，要跟孩子說再見！又要送走一批學生，老師有從天堂再度摔落的感覺，最不習慣在畢業典禮的隔天，灑滿陽光、依舊如昔的教室，只剩下一片空空蕩蕩。

　　告別童年，迎接未來，回顧國小這六年與老師、同學相處的點點滴滴，什麼樣的成長讓你滿載而歸呢？

▽ 未來，你希望成為什麼樣的人？

　　五上時，原本孩子認為怎樣都揮霍不完的快樂日子，殊不知一轉眼，再見沒幾面了，再吃沒幾頓了，再鬧沒幾回了，再笑沒幾次了。兩年到頭，只剩下倒數幾天，就要各奔東西。

　　六年濃縮為剩下的這幾天，曾經互罵的、排擠的、搶東搶西的、瑜亮情節的、互相吐槽的，現在全是順眼的、可愛的，看到誰都合群，看到誰都不捨，突然發現一切竟然這麼美，即便點頭之交都想相擁入懷。在這倒數時刻，孩子對待所有一切給出的「包容」與「體諒」，都令人有恍若隔世的錯覺。

　　回顧過去，高年級這兩年是兒童邁向青春期最關鍵的階段，生活型態、心理狀態都面臨巨大的改變與成長。兩年的時間，大家收穫不一，有人收穫了知識，有人收穫了友誼，有人收穫了經驗，有人收穫了技能。這兩年，都是一點一滴累積而成的。

　　當孩子們清楚意識到時間的流逝，對時間就有深深的敬畏之心，開始緊張了。這時，老師便可以開始算帳，帶孩子們算一筆學習成長的帳。

　　回顧自己在班上的教學，有哪些是我們曾經對孩子的諄諄教誨與殷殷期待，列出項目，算算我們從中收穫及成長有多少？

　　我與孩子們討論後，列出四項是我在班上最強調的「未來能力」（老師們可以依自己訂的班級教學目標為討論項目），由孩子分項回顧升上五年級時的起始能力在哪裡？經過兩年的學習成長，與低、中年級的自己做一個比較，究竟收穫了什麼？

學習成長的歷程，請從以下方面分項進行短文寫作：

❶ 閱讀精進力
❷ 寫作淬鍊力
❸ 自主行動力
❹ 口語表達力
❺ 自訂

　　日本經營之神稻盛和夫在《稻盛和夫工作法》中，將人分成自燃人、可燃人和不可燃人三種。「自燃人」不用借助外力，自己就可以熊熊燃燒，積極又努力；給「可燃人」口頭鼓勵，加油支持，你對他的熱情就能把他點著；就算你拿火燄槍對著「不可燃人」上下狂噴，噴完後，他維持原樣，無動於衷。

　　請孩子檢視一下，若自己屬於「自燃人」，那很好，維持水準繼續向前；若是「可燃人」，時間一樣在過，你需要再努力拼搏，提升更多的能力；若不幸是「不可燃人」，聽老師講解完要立即醒悟並檢討，爸媽創造了你的生命，你應該要創造自己的人生價值，敷衍生命，簡直是讓身價貶值啊！

你希望成為什麼樣的人，請從以下方面分項進行短文寫作：

❶ 你打算國中三年怎樣利用？
　　問到這個問題時，臺下通常一片「呃……還沒想到……。」我先以對話式問法搭建鷹架，讓孩子聽聽他人的分享，思考自己的答案。
　　學生：希望我上國中後，一樣熱愛閱讀，延續高年級的閱讀習慣。
　　老師：萬一有同學說「別假了，下課就下課，幹麼還在閱讀？那你怎麼辦？怎麼堅持下去？」
　　學生：高年級這兩年，我已經建立起閱讀習慣，我會告訴他，我就是喜歡閱讀。
　　老師：萬一下課不能陪他玩，朋友當不成了，該怎麼辦？
　　學生：這種朋友，就不會是我的朋友！

❷ 自燃人、可燃人、不可燃人，請誠實分析你是哪一種人？

學生：我應該是可燃人，因為我不想成為魯蛇，我還是會想要努力。但是，
如果有大人在旁鼓勵，我會拼勁更強。

老師：萬一國中身邊的不可燃人比較多，那該怎麼辦？

學生：呃！我很怕自己意志不夠堅定被拉過去，也變成不可燃人。所以我覺
得老師現在問這個問題，就是給我們打預防針，當自己迷惘時，更要
堅定自己的信念，希望能從可燃人，邁向自燃人。

❸ 你對國中三年有什麼樣的規劃，最起碼要做到什麼？完成什麼？為什麼？

學生：好難啊！從沒有想過這種問題，總覺得一切上了國中再說，現在要
想，感覺很可怕！

老師：越怕，就要越早開始計畫啊！

學生：我想閱讀更多種類的書，想擴大知識領域。但是，學長姐都說上國中
一天考兩到三科，教科書都讀不完了，看課外書就更困難了。如果閱
讀理解夠好，對於理解其他科目也有幫助。所以，我希望自己每天起
碼要找時間閱讀，及持續寫作習慣。

❹ 當離開國中時，希望自己已經成為一個什麼樣的人？（臺下一片恐慌）

學生：哇哇哇哇！很難想到那麼遠的事情，好可怕的問題啊！現在想到的
是，希望自己的功課都能跟得上，不要墊底，也希望自己是擁有好人
緣的人，有許多真心的好朋友。

❺ 世界那麼大，當然要到處去看看啊！國中畢業後，當別人對他人介紹你
時，你希望對方介紹你是什麼樣的人？（臺下又是一片恐慌）

學生：我希望別人介紹我時，說我是個博學多聞，能運用知識，不是只會讀
死書的那種，是個遇到困難都能想辦法解決問題的人，也希望對方認
為我是個值得信賴的朋友。

人生在世，每個人的時間額度都一樣，如果沒有好好規劃，零碎時間很容易

在放空、無聊、滑手機、打電動中虛度。以上五個問題深度思考後，孩子會發現，時間如白駒過隙，人都還端坐在教室，還在感傷國小畢業的事，馬上要想像國中畢業的情景。

回想升上五年級時，還在哀號這是多麼「漫長」的兩年啊！怎麼一晃眼，「兩年」竟然像「兩秒鐘」一樣，眨個眼候地過完？國小階段要是不幸錯選成了「不可燃人」，下一個學習階段，還有機會扭轉人生，只要你願意。如果你不敢開始，永遠都無法成長；如果你不去尋找，永遠都是迷茫。

「回顧過去，成長與收穫」短文寫作範例：

閱讀精進力

1. 以前看到書時猶如看到鬼，閱讀小一的書也覺困難，我對閱讀沒有任何興趣可言。現在晉如老師常會導讀好書，受到老師的感染及薰陶下，現在看幾十萬字的小說都不是難事。我已經看了兩百多本書，甚至還請表哥到大學圖書館幫我借書，最近在看 27 萬字的書。（岡山國小　李元富）

2. 以前看書只是為了打發時間，常坐在座位上放空，對閱讀沒有好感。後來看到大家都在閱讀，我不想輸給同學。現在不但主動閱讀，就連跟爸媽要禮物也全變成書，有時也會自己買書珍藏。媽媽說高年級的我「愛閱讀，是最大最棒的變化」。（岡山國小　王辰妍）

3. 以前沒有看書的習慣，閱讀能力不好，寫考卷看文字很慢，每次都寫不完。後來我每天都花時間閱讀，不但理解力增強，寫考卷的速度也變快。媽媽說我很有自己的想法，已經說不過我了，我想是書帶給我的啟發與思考力。（岡山國小　葉澤森）

寫作淬鍊力

1. 以前寫日記開頭就卡住，內容想不出來都是在湊字數。前一陣子翻到中年級文章，天啊！寫得很糟糕，還文不對題。現在我們班大量寫作，長期閱讀下來也讓我靈感及想像力進步。老師會在寫作前充分引導，教我們認識文章結構、情節安排等。後來就算沒有老師的提示，我也可以寫出好文章。老師說：「讀書破萬卷，下筆有如神。」我的閱讀寫作過程就是這樣慢慢進步的。（岡山國小　王辰妍）

2. 以前寫作文我都得想很久才能想出一點點開頭，寫作不是難，是難上加難，寫到抓狂是常事。現在寫作比以前快了好多倍，不僅時間縮短，語句也更加通順。因為閱讀，寫文章使用的語詞層級更高，成語更多，如果沒有訓練，我可能還是小一的程度。（岡山國小　藍瑜珊）

3. 還沒升上五年級以前，我的寫作能力非常弱，連最基本的人事時地物都不知道，更別說那些寫作技巧了。後來經過老師的教導後，我已經可以精準的把人物、時間、地點、情節等交代清楚，以及流暢使用寫作技巧，甚至有幾篇文章放入校刊，讓我覺得很高興。（岡山國小　李元富）

自主行動力

1. 以前中年級每週都有一兩天和別人吵架或打架，所以中年級的導師都在處理糾紛，聯絡簿幾乎天天被寫紅字。升上五年級雖然偶爾還是會衝動，但是經過晉如老師的諄諄告誡，我覺得老師說得很有道理，打架不能解決事情，還惹出更多事，所以我就不再和同學起衝突，有話好好說。（岡山國小　葉澤森）

2. 以前上課時，只要老師一離開，我們就開始聊天全班鬧翻天。老師一回教室就會很不耐煩的開罵。如果每天重複好幾遍，我的心情就會很差。高年級後，就算晉如老師還沒到校，或是離開教室，我們會自己拿書出來看，大家安靜的閱讀，心情也很愉悅。（岡山國小　李思霈）

3. 以前老師會管理我們所有行動，有困難或是打架全都找老師處理，那時我們很依賴老師，很多事情不會解決，也沒想過要靠自己，因為老師都幫我們想好了。升上高年級，晉如老師給我們非常多自由，遇到任何問題都要自己想辦法，不論打掃、分組、闖關、比賽、閱讀等，讓我們有選擇及做決定的機會，我有長大的感覺。（岡山國小　王辰妍）

口語表達力

1. 以前中年級老師問問題，我都沒辦法把話好好說清楚，越說越複雜，因為覺得老師都聽不懂，所以我常常在想，為何老師都不懂我們，讓我覺得很傷心。現在經過晉如老師的訓練後，我能正確的表達自己的想法，並且完整的把話說清楚。當我發現大家都聽懂我講什麼時，就更令我想回答晉如老師的問題，上課常常主動舉手，這樣互動的方式讓我感到很有成就感。（岡山國小　陳舜棋）

2. 中年級有次上課老師點到我回答，我明明知道答案，但是太緊張竟然把答案講錯，所以如果不是被逼，我絕對不會舉手回答。現在晉如老師會一直追問我問題，因為她說我是未來的領導者，領導者不能不會溝通，而且老師提問不能不理她，我慢慢試著把答案用大家聽得懂的方式講出來，老師會說「答錯有什麼關係，有思考、有回答就很棒」，這是我要再勇敢的地方。（岡山國小　黃齡霈）

3. 從幼稚園到現在，每個老師都會問問題讓我們舉手回答，因為我很怕說錯或是根本不知道答案，所以我從不舉手。因為這樣，所以我口語表達能力很差，其實我很擔心以後念大學或是找工作面試該怎麼辦？幸好我遇到晉如老師，因為老師上課很多提問，由誰回答是靠抽籤決定，所以老師一問完，我們就得要立刻思考，先想好萬一抽到自己要如何回答，而且老師一定想辦法讓全班同學都發言。這種方式不僅可以訓練口語表達，還能知道有誰聽不懂還沒學會，老師就會再進行講解，一舉兩得。（岡山國小　藍瑜珊）

閱讀、寫作、口語表達與臨場反應，
是孩子一輩子都受用的能力，
也是他們決勝未來的關鍵。
只要從孩子的需要去思考，再運用一點小技巧，
就能將訓練融入每日教學中，
讓孩子自動自發，快樂學習。

表達力: 第二章

決勝未來的關鍵

值日生：

6

讓閱讀成為
班級的「隨時進行式」

　　閱讀能力是所有學習的起點，閱讀應該就像是呼吸一樣，時時刻刻存在在班級裡。

　　我是如何讓閱讀在班級變成現在進行式、隨時進行式，以及未來式？綜觀長久以來的教學經驗，可以歸納為下面這幾點：

不寫讀後心得

　　小時候閱讀一本書，老師就要我們寫心得：作者、書名、出版社、讀後感想……每讀一本書就要寫一張，說真的，這是扼殺閱讀最快的方式。

　　當你看到孩子的心得寫著：「這本書很好看，我想要再看一次」、「這本書很棒，讓我受益良多」，教書第一年，還會覺得他們是真心的，幾年看下去，發現這根本是「閱讀心得標準套路」，這樣的心得可以從小一，一路寫到高中。不管你有沒有看書，只要隨便抄來一本書的書名，心得照著套路寫就對了。

　　自己小時候最討厭寫閱讀心得，為什麼不能好好的、純粹的品嘗一本書？

　　根據高雄市「喜閱網」閱讀系統回報，我們班上的「總閱讀量」高達5612本（能被系統算入的書，皆需要通過閱讀素養PIRLS的測驗），孩子閱讀量這麼大，如果每本都要寫心得，孩子會瘋掉；如果老師要改上千份心得，也會瘋掉。

這5612本是「指定」閱讀的記錄，如果加上自由興趣閱讀，未指定的書單，這數字還會再往上飆。

自由選書不干涉

能夠放在班級的書，絕對都是精挑細選而來的，本本都是好書，所以，孩子要看哪一本，自由選擇。

不過，茫茫書海，一年書市將近有三萬多本的書出版，哪些書適合孩子們閱讀？老師怎麼選擇呢？從 2012 年開始，高雄市教育局會根據教育部國民中小學提升閱讀實施計畫，每年替小學生選書，持續至今。選出優良讀物的第一階段是由各校推薦好書，第二階段由高雄市圖書館閱讀推動教師推薦，第三階段由喜閱網命題審查教師推薦。

好書經過層層篩選，喜閱網每年度選出適合小一到小六階段書籍總共 60 本，海選出來的 60 本書，可謂嚴選中的好書。接下來，高雄市閱讀教師會將優質讀本進行「分級制」，以「閱讀能力指標」進行圖書分級，總共分為一上、一下、二上、二下、三上、三下，一直分到六上、六下，共 12 級。

這些分級，都是為了配合孩子身心及認知發展需求而分類的。這些好書，有跨出故事體的連續文本，也有進一步廣泛閱讀如新聞報導、科普新知等非連續文體文本的書籍，涵蓋多元觀點的閱讀素材，容易形成課堂裡的討論，有些書的篇章，甚至還收錄進教科書。

目前，高雄市喜閱網已經建置好 2013 年至 2021 年總共 540 本書單，及這540 本書的線上閱讀素養闖關題目，不但幫助學生在既有的知識上搭建鷹架，也引發學習的共鳴。

540 本好書的名單，到底哪裡找？只要上網搜尋「喜閱網」，進入首頁，左邊欄位就有「線上闖關－閱讀書單推薦」，或是進入左欄「好康報報－文件下載」，就可以直接下載歷年書單的檔案。前人種樹，後人乘涼，高雄市閱讀教師耕耘多年，只要你上網，就可找到知識的源泉。

此外，由於我個人的興趣十分廣泛，身為藝術人，因為需要了解藝術史的演進，畫派的產生，主流藝術的誕生，理性與感性的表現，這背後牽扯的是龐大的政治、社會、歷史、經濟現象，這些超越個人意志的歷史力量，造就出極

具特色的時代藝術及風格。每一種畫派及藝術家的崛起與衰弱，背後皆有必然的趨勢可探討。因為藝術跨越的範圍實在是太無邊無際了，造就我什麼書都看，事事皆好奇，成為一個標準雜學類。

　　所以，我希望班上的孩子也能對知識產生饑渴，對未知事物要深刻而熱情的學習，充滿好奇和追求。

▲ 喜閱網閱讀銅銀金三冠王。

▽ 故事只講一半

　　升上五年級，不少孩子閱讀小一繪本還是一知半解，闖關三次仍然不通過，而被系統鎖住。五年級竟然看不懂小一及學齡前的書？你不用驚訝，這樣的情形「比比皆是」，早就司空見慣。

　　引發學生對閱讀產生興趣，最快的辦法就是：故事只講一半。

　　每次我講故事，講到臺下聽得血脈賁張，故事進入轉場迎來高潮時，我就會說：「啊啊！老師喉嚨好痛，一定是話講太多了……。」

　　每次循循善誘，臺下聽得如痴如醉、欲罷不能，轉場進入精采之處，我就會說：「啊啊！老師眼睛好痛，一定是用眼過度……。」

　　接下來，我手上這本書，就變成「超級搶手貨」。每次看到學生瘋狂搶書，就覺得自己是超級推銷員。

　　如果想要造船，先不要僱人去收集木材，也不要給他們分派任何勞務，而是激發他們對海洋的渴望；如果想推閱讀，先不要急著教閱讀理解，也不要給他們任何閱讀作業，而是激發孩子對閱讀的渴望。

不怕從零開始，只怕從未開始。教學密技無他，洞悉人性而已。

▽ 書中自有聖賢幫你教孩子

《舊唐書・魏徵傳》：「夫以銅爲鏡，可以正衣冠；以史爲鏡，可以知興替；以人爲鏡，可以明得失。」千古流傳，唐太宗把別人的成敗得失，當作自己的借鑑。從書中我們得到的是，太陽底下沒有新鮮事，歷史的車輪滾滾向前，書中自有聖賢來教孩子們做人做事的道理。

閱讀可以教會我們人情事故，故事裡有很多社交場合，不知道如何應對，看主角講了什麼話令人反感，馬上讓我們知道該怎麼做。讓孩子跟著書裡情節，思考當下的處境。如果你就在當時那個位置上，你是當事者，你會怎麼思考，怎麼行動？行動之後的結果又是什麼？接著，回來思考現在的處境是什麼，能否帶給你什麼？

閱讀是為了繼續前進，透過對故事的思考方式做出反省，讓我們的思考模式加入一個新的維度，並且對現況有深一層的掌握，更加了解自己的定位。

把書裡的情節當作一種想像的練習、一種經驗的再生，學習古老的智慧，用寬廣的心理解他人，觀看世界，幫助自己不會被歷史的輪迴無情的碾壓。

▽ 隨時隨地閱讀，豐富人生

2013 年，印度一位 17 歲少女，被父母規定不能使用臉書，不准沉迷社群，沒想到少女上吊自殺，留下一張紙條：「我沒有臉書就活不下去。」

曾有個廣告，女孩生日，社群好友的點讚祝賀不斷從影片四面八方湧入，女孩戴著生日帽，桌上滿滿的食物及大蛋糕，開心吹著蠟燭。鏡頭一拉遠，開心吹蠟燭的女孩，身邊沒有任何人，只有她自己。營造開心歡慶生日派對的背後，其實只有自己一人。

身邊如果一定要人陪伴，如果要在人聲鼎沸的場所才不會覺得寂寞的人，其實很可憐，他精神上的幸福與寧靜，都操縱在別人手中了。

孩子被網路世界占據，身外再精采，他人再美好，都與你無關；人群再冷漠，他人再虛偽，也與你無關。別以為你被世界拋棄，其實世界沒人有空理你。

你只需要梳理好自己的羽毛，決定你將展翅飛去的地方。出遊要看天氣，游泳要有泳池，打球要有球場，露營要有場地，閱讀不用考慮時間及地點，也不用考慮天氣變化。能閱讀的人，這輩子心靈絕對不會寂寞。

閱讀本身就是一種療癒。生活不順無能解決，滿腹牢騷無處傾訴，書中的知識與內涵皆能解決你的問題，豐富你的生活，提高你的視野，雜亂的思緒、煩躁的感受，書中都有解方，心情隨之寧靜。

閱讀提升寫作力，隨時鍛鍊技巧

根據國際閱讀素養研究指出：閱讀是教育的核心，學校裡各學科的知識幾乎都是透過閱讀來學習。小學三年級是閱讀發展的關鍵期，在此之前是「學會閱讀」（learn to read）的基本能力，三年級以後是「透過閱讀來學習新知」（read to learn）。

閱讀，如何提升寫作能力？不需要特地花錢去惡補作文，閱讀最大的好處是幫助寫作。閱讀可以拓展視野，增進對知識的吸收，長久累積閱讀的知識量進展是驚人的。腹中有話要說，文章就寫得出來，不用華麗的詞藻，一開始先練習如何通順的表達自己的想法和觀點就可以了，真心實意，表達通順，就是一篇好文章。

平常多閱讀，增加語彙量，訓練自己對文句組織的敏銳度，學習作者的敘事手法，觀察作者怎麼安排情節，如何轉場，起承轉合之處有哪些巧思？訓練孩子在閱讀和寫作中找到連結，要知道，大量閱讀也能夠提升鑑賞文章的能力。

如果寫作是一種技巧，不常寫，怎麼寫得好？就像想把鋼琴彈好，若不常彈，怎麼彈得好？透過閱讀和寫作雙管齊下的練習，就能精進寫作力。

7

「我手寫我口」，
隨時動手寫，讓寫作力滿點

　　演講會場曾聽老師反應，週五出作文當回家功課，為的是讓小朋友利用週末好好寫作。但是，週一孩子作文未寫缺交，老師只好寫聯絡簿告知家長。隔日，看到家長在聯絡簿上回應：「老師，孩子說他不會寫，我也不會，再麻煩老師指導孩子。」

▽ 寫作之前，先學會表達

　　寫作，當成回家作業，孩子家長都頭大。寫作這門課，如果老師沒有教，孩子還真的很難寫出來。別說寫作，任教高年級的我，即便請孩子「我手寫我口」，寫來的都不一定是「人話」。為什麼會這樣呢？如果「說得出來」，怎麼可能會「寫不出來」？

　　我們先來看看學生平常是怎麼說話：

　　老師：「你為什麼打他？」
　　學生：「誰叫他要先這樣！」
　　老師：「他先怎樣？」

學生大吼：「啊就那樣！」

老師：「…@@？！+--><\\\……？」所以，到底是怎樣？

國小學生很多都是天然呆萌小生物，他們互相溝通，彼此聽得懂，但是，換到要跟老師對話，聽起來就是「外星語」。先別說文章怎麼寫，文筆好不好，很多孩子連「正常說話」都說不清楚、講不明白。寫作之前，首先要學會把話「說清楚、講明白」，再來「我手寫我口」就不會太困難。

每一屆孩子，我最重要的任務就是訓練孩子的「表達力」，也就是寫作與說話。

但是，孩子聽到「寫作」，就感覺很可怕，所以，我改個方式說：「下課只有十分鐘，你來告狀沒人聽懂，講完十分鐘，下課時間就沒了。你希不希望表達力很好，一次說清楚，或是寫清楚，然後，還有八分鐘可以玩？」通常聽到這裡，孩子就會眼睛發光，全都很想學，誰不想留更多時間玩耍呢？

孩子每次來告狀，用的都是「倒敘法」，先說「結果」，告訴老師他被打。通常一般人不會無緣無故打人，這中間一定有什麼細節、誤會被漏掉，或是選擇性隱藏，不告訴老師。所以，當老師問「他為什麼打你？」如果聽到的回答是支支吾吾、吞吞吐吐，八成是自己先動手，惹得同學不高興，同學不但回手，還打得更用力。

那麼，一開始不是一起玩，發生什麼事，怎麼鬧到動手呢？因為孩子告狀用的都是「倒敘法」，使得老師要破案，就要問東問西往回問，往往需要追查很多線索或人證。

▽ 5W1H，訓練孩子說話邏輯

為了讓小朋友告狀更省力，老師處理更省時，於是，我訓練孩子說明事情時，使用以下兩種方式。

❶ **順序法：原因→經過→結果**

❷ **六何法：Who、What、When、Where、Why、How，也就是 5W1H，人、事、時、地、為何發生、經過及結果如何，我的感覺如何？**

向老師報告事情，或是希望解決糾紛，為了有效處理，先想好整件事情的來

龍去脈，回溯源頭，再使用「順序法」說明「原因」，接著告訴老師事情的「經過」，最後說「結果」。

我將 5W1H 濃縮成「一條龍」句型，方便孩子記憶：

誰對我怎麼樣？

誰在什麼時間，什麼地點，對我做了什麼事情，事情的經過如何？為何這樣，結果如何？我的感受如何？

我對誰怎麼樣？

我在什麼時間，什麼地點，我做了什麼事情，事情的經過如何？為何這樣，結果如何？我的感受如何？

告狀的人原本這樣說：「老師，有人打我」，接下來老師要問一大堆，案子才能水落石出。現在使用【順序法＋六何法】要改成這樣說：

原因 上音樂課時，我突然想上廁所，朱同學也是，走一半時我發現鞋帶好像掉了，我想停下來綁鞋帶。

經過 我才停下腳步，他就撞上我，害我跌倒。

結果 我爬起來後問他為何撞我？他好像撞到鼻子，然後他就打我，我覺得莫名其妙，我很生氣。

六何法也就是 5W1H 的方式：人、事、時、地、為何發生、經過及結果如何，感覺如何。

Who　— 我和朱同學

When　— 音樂課時

Where　— 音樂教室與廁所間的走廊

What　— 走一半時我發現鞋帶好像掉了，我想停下來綁鞋帶。我才停下腳步，朱同學就撞上我，害我跌倒。

Why　— 我爬起來後問他為何撞我？

How　— 他好像撞到鼻子，然後他就打我，我覺得莫名其妙，我很生氣。

老師喚打人的朱同學來說明事情。打人的朱同學原本這樣說：「誰叫他走路走一半故意停下來，害我的鼻子撞到他的頭！」

現在使用【順序法＋六何法】說明。

原因 上音樂課時，小胖想上廁所，老師讓他去，既然有人去，我也趕快舉手說我要上廁所。

經過 小胖走在我前面，誰知道他走一半故意停下來。

結果 因為他突然停下來，我煞車不及就撞到他，害我的鼻子撞到他的頭，很痛耶！

核對是否有套用六何法：人、事、時、地、為何發生、經過及結果如何，感覺如何。

Who　　—小胖和我

When　—音樂課時

Where　—音樂教室與廁所間的走廊

What　—小胖走在我前面，誰知道他走一半故意停下來，我煞車不及就撞到他，然後他跌倒。

Why　　—因為我的鼻子撞到他的頭，所以很痛。

How　　—我感覺好像要流鼻血，又痛又生氣，然後，我就揍小胖一拳。

原本老師要花時間才能問完落落長的對話，現在，孩子只要將自己經歷的過程用【順序法＋六何法】說明，事情很快就解決了。

如果孩子說不出來，該怎麼辦？

這樣的邏輯思維，如果沒有經過特別訓練，連大人也不一定說得完整。所以，這樣的口語訓練平常就要練習。越需要的能力，越要早點開始。不管是課堂或是下課，當孩子有事要來跟老師報告時，我會問「原因、經過、結果」想好了沒？事情的順序人事時地等，要在說明之前想清楚。

萬一孩子嗯嗯啊啊說不出來，需要慢慢釐清思緒；或是老師剛好不在；或是

同一時間，老師要處理很多事情，分身乏術，那麼，「寫作」就派上用場了！

　　教室裡隨時都有裁切好的回收紙小紙片（四分之一的 A4 紙），孩子取走後就可以將自己的委屈，或是祕密等想說的話寫給老師。尤其，孩子們每天都有不同的科任課，經常前一節課在晉如老師的班上表現得認真積極、可圈可點，下一節課去科任教室，卻整個大暴走。還有孩子自己承認，如果科任老師的個性比較溫順善良，或是教學經驗比較不足，這些高年級的孩子，就會老油條的「露出真性情」，不由自主的「人來瘋」，偏離上課主題，天南地北亂抬槓，挑戰科任老師的底限，讓年輕老師招架不住。孩子在離開導師的視線範圍後，問題就層出不窮。

　　因為導師不在現場，不知道當時發生何事，孩子七嘴八舌，一時半刻，導師又無法聽完全面的說法。在時間與空間都無法進一步了解詳情時，寫作，就是最快的解方。

▽ 如果孩子不知道發生什麼事，該怎麼寫呢？

　　一個班級大家坐在不同的位置，旁邊坐了什麼樣的同學，也會影響上課的狀況，所以，只須針對自己的座位，將觀察到的人事物等寫出來即可。寫作，不需要討論，因為自己位置的風景，自己最清楚。當然，也要給孩子適時的寫作引導。我會列出幾點必須寫在紙條的內容，再以【順序法＋六何法】寫明清楚：

❶ 剛才上課時，班上誰發生了什麼事？他的行為造成了什麼結果？老師如何處理？

❷ 我自己上課時有沒有遵守秩序？我哪裡做得很好，哪裡需要反省及改進？

❸ 如果給自己上課打分數，十分滿分，你覺得自己是幾分？為什麼？

❹ 如果給全班上課打分數，十分滿分，你覺得全班是幾分？為什麼？

通常這時候，寫作的目的，在「老師」的角度有三個教學目標：

❶ 解決上課秩序不佳的問題，老師要知道事發經過，秩序問題才得以解決。

❷ 培養孩子對事情觀察的敏銳度，留意細節與人物互動的情形。

❸ 提升孩子的寫作力。

在寫了好幾遍小紙條後，孩子陳述事實的經過會越來越快，情節內容也會越

來越豐富，經由長期的訓練，大大縮短大腦到手的距離，下筆快狠準。

以上是老師的教學目標，若是站在「學生」的角度來看，孩子覺得的是：

❶ 我要告訴老師誰上課不乖，影響秩序，讓我們不得安寧，讓科任老師生氣。（孩子最愛告狀。）

❷ 我要告訴老師自己有沒有乖，我是不是守秩序的乖孩子？（因為自己也怕成為同學筆下闖禍的「主角」或「配角」，所以，誠實，就是最好的選擇。）

❸ 我要替自己及班上打分數。（孩子最愛評分了。）

寫作在這個時候的功能，孩子會像「誤入森林的小白兔」，以為老師要他們寫「告訴狀」，所以他們會非常積極又認真的書寫。這時候孩子不會認為是在鍛鍊「寫作力」。我就是用這樣的方式，偷渡我的教學目標，建立孩子寫作的日常訓練。

▽ 掌握教學目標，避免變成告狀大會

古有明訓「水能載舟，亦能覆舟」，如果在不健康的心理狀態操作下，任何正向的事情都有可能被扭曲。所以，教師要建立全班健康的心態，營造正向的教學，紙條是老師要知道孩子在科任課的表現，老師要認清自己的教學目標，解決班級秩序問題，提升上課的效能，培養全班的寫作力。

還有，紙條不是用來處罰及教訓孩子，更不是用來向父母告狀的證據。秩序問題處理完後，孩子知道老師一定會原諒他們，給他們機會反省，改進後保證不會告訴爸媽。我會給孩子成長及等待他們成熟的時間，問他們，你們希不希望可以好好上課？真正學到知識，充實自己，讓自己在兩年畢業後可以對自己說「還好，這兩年我都有認真學習，收穫良多」，而不是「慘了！兩年過完，我都在打混，完蛋！」

紙條要交出前，要做完這件事

事情寫完後，還有個很重要的步驟，就是從頭開始閱讀幾遍，看看有沒有漏掉的字，或是說不清楚的地方，檢查有沒有寫錯字，重新讀，再三確認。一切都

處理好，就可以交給老師。

收回紙條，老師要做什麼？

寫完後，交給老師，以老師閱讀文字的速度，絕對比全班同學你一言我一語、剪不斷理還亂的時間還要快速。迅速看完全班的「呈堂證供」，就可以好好處理秩序問題。

我會在臺上念出孩子寫的文字，學習寫作的同時，也要欣賞別人的作品，讓孩子們聆聽他人的觀察，留意同學是怎麼運用字句表達班上發生的事，聽多了，不但更認識同學，也學會該如何表達比較適當。至於紙張裡的秩序問題，需要解決的就處理，有誤會的也會給予澄清及說明，所有情緒的抒發都在這一張小紙片。別小看這一張，寫習慣後，有時候孩子從科任課回來後，會自動來拿小紙片，因為「有要事要稟告」，一刻都不能等。

寫作，在孩子身上發生潛移默化的改變，可喜啊！

▽ 為什麼不寫在簿本裡，而是小紙片？

上課時發生的小插曲，如果寫進日記本，爸媽有機會看到，在這樣的情形下，孩子能誠實寫出自己、或是同學課堂上發生的「好事」嗎？

孩子很可能會為了規避大人的追問「你上課為什麼這麼不乖？」、「你以後不要跟這些同學在一起，你會被他們帶壞」。孩子如果沒有安全的環境讓他書寫，最後變成選擇性寫，這樣，老師不但無法處理問題，也失去寫作的意義。

寫作初期，孩子的文字量都不會太多，但是，隨著上課、球賽、衝突事件等，及正式的日記作業登場，越來越多的喜怒哀樂需要馬上記下，孩子敏銳的觀察力很快就會被提升。練習寫作不用長篇大論，就是從小小的事件開始，寫「自己經歷過的事」，把看見的、聽見的寫下來，別一次丟給正式又嚴肅的作文題目。讓孩子從日常生活小事情的觀察開啟寫作，再加上【順序法＋六何法】，訓練他們文章交出前，閱讀幾遍、再三確認。老師也要營造安全的學習環境，接納孩子的意見及感受，別把文章變「文字獄」。

上節音樂課整節都在考試,在考試前,音樂老師有先幫我們複習歌曲,在複習的時候我聽到有人在敲桌子、唱歌時用吼的,考試期間他們不但沒有收斂反而得寸進尺,正在考試的人的歌聲都快被他們的聲音淹沒了,而且他們還會亂改歌詞把正常的歌詞全部改成一些奇怪又噁心的詞,不然就是用吼的,別人在唱歌時,他們 到他們唱的時候 就離開位置,在前面或後面玩,這個"他們"我記得是3.4.5.6.8.吧?(不確定)而且我還看到了很噁心的一幕,就是8號趴在地上而6號生在他旁邊◯他的...屁股... 還有5号好像後來也身尚在音樂教室後面。

▲女生寫出她觀察到的課堂事情。

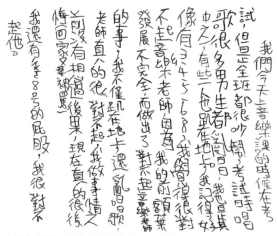

▲男生寫到自己趴在地上亂唱歌,求原諒。

▽ 寫作力,也能成為孩子的另一種保護力

國小畢業升上國中,國中是一個很特別的求學階段,在荷爾蒙胡亂的暴衝下,很多孩子上國中,換了新環境,不幸遭受同學的霸凌(包括網路霸凌),口角、恐嚇、肢體衝突、異性交友、性騷擾、性侵害等問題,很多困擾無法啟齒,更難以當著師長的面勇敢口頭陳述;或是下課時間短暫,一時半刻無法說明清

楚；抑或是想跟老師報告「事情的真相」（誰是霸凌者），卻又害怕消息走漏被同學當成「抓耙子」，秋後算帳，但是又不忍同學於水深火熱，棄之不顧。

兩難之下，問題該如何解？會不會因為坐視不管，有天霸凌也找上自己？如果難題永遠無解，好人與壞人、弱勢與霸凌，就會永遠存在。

我總是告訴孩子，沒有人希望自己遭受傷害，也沒有人希望同學受難。如果你不為自己、為他人求救，冷眼旁觀，將永遠沒人知道你們發生了什麼事情，更無法及時伸出援救的手。

忍讓，淚往肚吞，並不會讓霸凌停止。越是卑躬屈膝，越是乞憐搖尾，往往只能壯大對方，陷自己或同學於不利。

這時，寫作，就是最好的解救良方。藉由【順序法＋六何法】，清楚寫出目前面臨的困境。有委屈，無須淚往肚裡流，用文字與師長交流，絕對會有人在第一時間關注到你，保護你，帶你脫離苦海。

當孩子明白他到學校所學之事，都是生活所需，甚至是生存必備，孩子對寫作力的渴求，哪還需要老師掛心呢？

孩子寫作初期，就像學騎腳踏車，一開始需要輔助輪幫忙（小範圍，老師給引導），慢慢拆掉輔導輪，放手讓孩子騎，適時扶一把，只要踩得順，就可以放手。之後，只要孩子願意，想騎多遠就多遠。

▲長期訓練的成果，下筆更快，就能有滿滿的文字。

8

個性日記簿，
培養寫作的續航力

　　為了讓孩子正視及珍視自己的文章，我想，寫日記的本子應該也要有自己的「個性」，不如讓孩子創新，把創作留在封面，那是何等「與眾不同」啊！

▽ 創意格式，讓寫日記變有趣

　　時下不管大人或小孩都愛用臉書發布動態，所以我按照臉書的模式再修改一下，設計出一款與學校直行簿大小格式相同的學習單，請孩子寫個「新學期、新希望」的動態，再請師長朋友留言鼓勵。以後每寫一次日記，親友團的加油聲言猶在耳，就能增強動機。

　　朋友欄可以畫九格，讓孩子畫上自己的麻吉，老師還可以從中觀察孩子的密友是誰。畫完後，全班互相欣賞，再請孩子找出最喜歡的封面，課堂上來個藝術鑑賞與口語表達。之後，再將課堂上的發表及鑑賞寫成心得。

　　因為封面是自己與他人合作的成果，每個人都參與其中，每個環節都是情感的流動，所以，在老師的引導下，每個人都可以順利寫出一篇文章。更無須擔心孩子不交回動態學習單，因為當他發現別人的日記本都很有「個性」，只有他「沒個性」時，弄丟者馬上就會來找老師要學習單了。因為要貼在封面，那肯定是不能馬虎的，亂畫亂寫會礙了自己的眼，沒有孩子會跟自己的本子過不去。

個性日記簿的寫作引導

「個性日記簿」的寫作，我會給孩子以下這幾個引導，讓他們去思考如何才能讓自己的日記簿更有料。

① 以前的日記本封面你覺得如何？

② 你設計了什麼樣個性臉書封面？為什麼？

③ 誰的日記本封面吸引了你的注意？為什麼？

④ 新學期新希望是什麼？該如何做才可以達到？

⑤ 我替誰留了言（舉一例）？我留了什麼話？為什麼？

⑥ 誰替我留言了？看到師長朋友的留言你的感覺如何？

⑦ 我該加強什麼才能寫出更流暢的文章？

獨一無二的日記本，外面買不到，裡面的文章，更是精采生活點點滴滴的串連，這樣的本子，孩子視如珍寶。

畢業前夕，孩子還會跟我說：「老師，我想把五、六年級的日記本都帶回去」。

當數本日記本一次發下，孩子眼中有笑有淚的翻閱著青澀懵懂的過去，對照現在的「半生不熟」，再到畢業後撕掉「兒童」標籤轉換為「青少年」。高年級這兩年的人生記錄，是何等的重要與不平凡啊！

▲ 舊封面。　　　　　　　　▲ 個性日記簿。（岡山國小　邱沛臻）

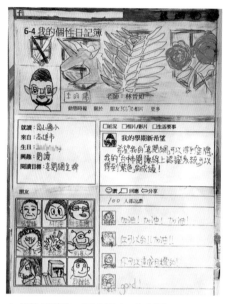

▲ 個性日記簿。（岡山國小 李昀儒）

▲ 個性日記簿。（岡山國小 蔡珮渝）

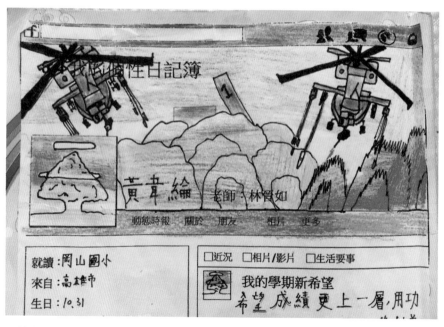

▲ 黃韋綸的個性日記簿。

學生作品

我的個性日記簿封面感想　　　　　　　岡山國小　何雲亞

　　最近老師讓我們自己設計日記封面，我覺得以前的日記封面並沒有不好看，只是每個人都一模一樣就失去了個人的特色，而這個新的臉書封面不但能代表每個人的特色，也能訓練繪畫能力。

　　我設計的個性臉書封面，大頭照是由兩棵大樹組成，封面是比較素面的點點畫，朋友的部分是用動物或物品來呈現每個人的個性，但我覺得應該還有一些需要改善的地方。現在的日記封面都成了每個人獨一無二的創作，我覺得效果還不錯，也能代表每個人的想法，包書套後也更有真正封面的感覺。

　　在觀賞完同學的作品後，我覺得荔枝的作品最吸引我的注意，她的封面構圖活潑大方，配色也很鮮艷，突顯出每樣東西的獨特性，封面的雪人也有畫龍點睛的效果，這就是她作品吸引我的地方。

　　升上六年級後，我的新希望就是能在最後一年學到更多的知識，上了國中後就比較沒有時間閱讀課外讀物，如果能在上國中之前多閱讀，一定能更輕鬆的學習新的知識。

　　我們的臉書封面老師也讓我們請同學幫我們留言，我替荔枝留的言是「加油，你一定可以的。」因為我覺得如果人想做一件事，背後如果有人支持她，她一定能更有信心的完成這件事。荔枝幫我留的言是「你一定能在各方面得到更多的知識。」看著同學的留言，我覺得十分感動，看到有人替我加油鼓勵，我也能更有動力的完成我的願望。

　　畫了屬於我的日記封面後，我會更珍惜我專有的日記本，因為這都是我們一筆一劃用心畫出來的，也更有紀念價值。對於寫作我希望能在新的學期更進步，多閱讀課外讀物，多練習寫文章，我的讀寫能力一定能越來越進步。

※ 掃一下第 279 頁的 QR CODE，下載晉如老師設計「我的個性日記簿（臉書封面）」。

9

「班級對話」，
讓口語表達成為日常動作

2018 年 9 月，五上開學第一天，小男生來問：「老師，我們什麼時候要上電視？」

「蛤？蝦米？」我大驚。

五年級才剛開學，老師都還不認識你們，你們也還不認識全班同學，就想上電視，不會吧？大概是看到歷屆的學長姐們有不少上媒體的經驗，尤其班級外牆上也貼滿媒體採訪的報導，孩子才會這樣想吧！

▽ 將上電視的動力，轉化為學習動機

「請問，你們現在有什麼代表作或好表現，好到可以讓攝影叔叔特別到學校來拍攝？」我問。

「代表作？什麼是『代表作』？」孩子果然是天真又可愛，有沒有真材實料不重要，只是一心一意想要「上電視」。記得九月剛開學，孩子連來跟老師「告狀」的內容，我都聽不懂。

「老師，他給我打！」小男生氣急敗壞來告狀。
「什麼？誰打誰？」我問。

「我叫他不要一直用我，都講不聽。」

「什麼？用什麼？」

「就是叫他不要弄我，都講不聽。」

「什麼？弄什麼？」

孩子連續告了三次狀，我還是聽不懂，我是在跟外星人對話嗎？尤其是「用」什麼，「弄」什麼？每一屆五上都有孩子這樣說話，這個「用」與「弄」，到底是對應哪一個動詞？打人、亂摸、亂碰、亂拿……？

如果，連「正常說話」大家都聽不懂，那在鏡頭前能流暢表達嗎？面對鏡頭，除了口語表達能力之外，還要克服心裡的緊張。鏡頭盯著你，有沒有本事發出連珠炮？除此之外，要不要加強其他能力？

9 月開學第一個月，孩子就像「著魔」似的，每幾天就會在課堂上跳針的問：「老師，我這樣子的表現可以上電視了嗎？」邊說，手上還拿著一張完成度僅一半的學習單向我張揚。我被孩子急欲想「上電視」的渴望給嚇到，我同時也發現，隨著網路自媒體的迅速發展，孩子對「上鏡頭」這件事，有著非常熱衷的期待。

既然，大家對上鏡頭這件事這麼熱衷，身為老師的我，就順勢把這股「強大的動力」轉化為「學習動機」吧！我拋出問題：如果，以後有機會可以錄影，你要如何把握機會？學長姐他們有很多機會上鏡頭，好不容易三五人選一人爭取到發言權，但是，畫面被剪得一刀不剩，不是搶到麥克風的人就是贏家！為了畫面不要「被剪掉」，你們現在可以怎麼努力？要提升什麼能力？我請孩子「回推」現在可以開始訓練的部分。

「要會講人話，一次讓人聽懂的那種。」

「回答時不要一大堆嗯嗯、啊啊、這個、那個。」

「要勇敢舉手，說話要大聲一點。」

「講話要流暢，不能只回答對或不對，要講出原因。」

我發現孩子的答案全集中在「發表」上，果然非常想上鏡頭。

「你們確定自己聽得懂題目嗎？」孩子聽完，有種被雷劈到的恍然大悟。

「那……要先聽懂題目。」孩子改口。

「那要怎樣，才能聽懂老師的提問？」我問。

「要很認真上課。」

「上課要很專注。」

「要看著老師說話，看著老師的臉。」孩子們努力回答。

「那，你們現在的上課態度，有認真專注嗎？」我問。

「呃……。」孩子再次被雷劈到，突然語塞。

五上開學時，其實是秩序最混亂的戰國時期，每天上課都有一群狀況外的孩子，不是找不到書、找不到筆、不知道要翻到哪一頁，要不就是上課「忙著分心」、忙著講話、忙著借東西、忙著上廁所、忙著告同學的狀（以下請自行列舉二十例）。所以，當我問到上課態度是否認真專注時，孩子們突然啞口無言。

「如果聽懂題目後，萬一不會回答，或是知道答案，但是不會講，這樣該怎麼上鏡頭？呆立鏡頭前嗎？」我問。

「呃……那……那……還要會思考才行……。」

「要很努力推理出答案。」孩子們開始面有難色。

「平常同學上課的回答，你們都聽得到？都聽得懂嗎？」我問。

「有人講話像蚊子叫，根本聽不到。」

「很常聽不懂同學在講什麼……。」

「如果採訪時太緊張，不小心說錯話，該怎麼辦？」我問。

「那就……糗大完蛋了。」臺下面露驚愕！

引導到後面，孩子們幡然醒悟，發現「上鏡頭」非但不是件簡單的事，甚至還是「高難度」的挑戰。

我問孩子：「如果希望自己有好表現，有良好的儀態，清楚的思路，流暢的口說發表能力，這些需不需要練習？還是採訪的那一天，你會突然變好？突然變得很厲害？」聽完，臺下個個滿頭大汗。

孩子們終於明白要努力的地方還有很多，誰不需要努力就能自動變成強者呢？天底下有這麼速效的事嗎？引導到這裡，我終於「終結」了這三天一小問，

五天一大問「我可以上電視了嗎？」的問題。

▽ 當好行為變成日常，就不會有失常

就這樣，孩子每天都很認真的與我進行「班級對話」，每堂課我都請孩子認真思考，話出口前，想想如何把話說得人人聽得懂。當同學在發表時，練習聆聽，先聽懂，再針對同學說的答案，進行補充或說明。

課堂上我不斷拋出問題，讓孩子們思考回答。每當我看到那些羞赧內向的孩子願意舉手發表，願意給自己機會，勇敢的踏出第一步、第二步……，最高興的，莫過於老師我了。

沒有孩子希望自己在課堂上表現失常，如果有一天機會來了，如何讓自己「不失常」呢？

「如果不想失常，就要維持一切正常。」我告訴孩子，要將一切好的課堂行為正常化及習慣化（推理、思考、發表等），讓自己習慣這些好行為，不斷增強，讓大腦建立很強的神經連結，讓口說表達變成一種自然而然的反射動作，這樣在緊張時也不容易出錯。勇氣十足、不怕錯之後，再往「語言精緻化」前進，修掉「嗯嗯啊啊」等冗句，把話一次說到位。

就這樣，從五上 9 月開始，我們就堅定的朝這個明確的方向不斷邁進。五上接近期末的某天，我接到出版社的電話，他們想來班級進行採訪及錄製跨領域教學影片，孩子們聽聞，都雀躍不已。沒想到，真的有這一天，攝影團隊要來班級採訪了！

五上休業式這天，攝影團隊先入班拍班級教學，重點拍攝老師教學的過程，全班都會入鏡。我知道，孩子這時情緒是最激動的，對他們而言，這是人生全新的體驗，他們一方面期待上課，一方面興奮不已，一方面又緊張得半死。

▽ 運用寫作，緩和緊張氣氛

為了讓緊張的情緒有個出口，按照往例，我發給每人四分之一張 A4 的回收紙，在錄影前，利用回收紙背面空白，讓孩子們把心裡的想法訴諸紙片，用寫作來緩和緊張情緒。

1. 等一下就要進行教學錄影，我現在心情非常緊張，我哥說，在晉如老師這一班錄影是很正常的事，還有安親班同學，說他很羨慕我們班可以上鏡頭。我希望等一下上課，大家都有良好的上課態度，也希望自己不會出錯，不要變成老鼠屎。（岡山國小　蔡欣婷）

2. 等一下要接受錄影，昨天晚上跟爸媽講這件事，他們給了我一個非常大的壓力。媽媽另外跟我說：「你千萬不要去跟別班同學炫耀。」最後我希望錄影時，全班都不會失常，就像平常上課一樣正常。（岡山國小　許歆悅）

3. 我現在很開心也很興奮，媽媽說這是一個很好的機會，就算講錯也沒關係，當作練習不要緊張。希望等下自己有好表現，希望拍攝過程一切順利，很快就可以完工。（岡山國小　林浚瑋）

4. 等下要錄影，我的心情是興奮又開心，晉如老師今天不知道要上什麼神奇的課程，讓我好期待，希望是好玩及動腦筋的。也希望等下全班秩序很好，大家反應迅速，不要說錯話，我會加油的。（岡山國小　蘇麟）

　　錄影完，節目企劃問我：「班上的小朋友怎麼都這麼會說話，每位孩子都講得好棒，都不會怯場，大家一直舉手發表，他們是怎麼辦到的？」聽到這樣的話，除了欣慰，我心裡更是已經仰天長笑，因為她不知道，這群孩子為了「這一天」的到來，已經等好久啦！

▲ 記者拍攝教學現場。

▲ 每個孩子介紹自己的小書。

　　由於剛才上課實在是太精采，加上孩子人手一本精美的跨領域螃蟹小書，攝影團隊本來只想拍一兩位孩子的作品，但是，本本精采、錯過可惜，於是又約了下學期的時間，加拍一場由孩子介紹自己小書的影片，由孩子與大家分享，他們是如何一手包辦製作一本厚書。

　　原本以為機會只有一次，沒想到，好表現為自己迎來第二次的機會，大家高興得不得了。

◊ 班級對話的日常訓練

　　記得小時候參加童軍團康，大家圍坐一圈，唱歌的同時，一顆球在大家手中傳著，一邊唱歌一邊傳球，聽到老師哨音，歌曲就要暫停，球在誰手上，誰就要起立做動作。為了不要接到球，大家的注意力可是高度集中，一秒鐘都不敢懈怠。

　　學生下課一條龍，上課一條蟲，從我小時候適用至今。為了讓課堂上的孩子也能像下課時一樣生龍活虎，光是老師一人包場講話怎麼行？尤其孩子的注意力短暫，讓孩子不斷思考、回答問題、檢閱自己的想法，就是最好的口語訓練，天天月月訓練下來，成效可觀。

　　「你們打躲避球時，一個人手上拿著球時，其他人在做什麼？」我問孩子。
　　「當然是看著球啊！不然等下被K中！」
　　「所以，當老師提問請同學回答時，其他人要做什麼？」
　　「看同學，注意聽！」
　　雖然孩子嘴上說注意聽，但真正在教室裡卻不見得是這樣。多數的情形是，老師提問時，其他孩子會一副事不關己，一副好加在沒叫到我的樣子，尤其年級越高越是如此。若是班級經營控管不當，老師發問越多，班級就越吵，因為其他孩子已經在底下自己聊開了。

　　那沒事就不要讓孩子發表好了，免得秩序越來越差。但是，從來都沒有好好練習的事，怎麼有機會看到成效？

　　當我拋出問題時，孩子就必須思考，因為老師馬上會抽籤請人回答，抽到的人視同「接到球」，接到球就要回答。而抽籤就是最公平的方式，因為大家都有機會被抽中。

　　通常，孩子會覺得被抽到真的是「衰」！但是，我會逆向操作告訴孩子，被抽到是因為你是「幸運兒」！想一想，全班這麼多人，你是「天公伯賜籤」，你是「神明特別選到的人」、「天公伯特別要老師多加栽培你，你要好好把握機會！」每次說完這句，臺下竊笑聲四起。

　　我會拋出類似的問題：「你們贊成小學生帶手機到學校嗎？」

　　「8 號，說說你的想法？」

　　「呃……不知道。」剛升上五年級時，回答老師的問題，就是這群小五生最大的挑戰。

　　「不能說不知道，要有自己的主見。我先問問其他人，回頭再問你。」8 號有鬆一口氣的感覺，但是，無法解脫，因為等一下，我還會回來問他。

　　「3 號，你覺得呢？」

　　「我不贊成小學生帶手機來學校？因為可能會被偷……。」有答就算過關。

　　「14 號，如果班上學生都誠實乖巧，手機帶來不會被偷，你贊不贊成小學生帶手機來學校？」延伸答案，再抽一籤，轉問另一人。

　　只要有回答想法及理由，就算過關。一開始培養孩子回答的勇氣，比正確答案更為重要。回答問題和寫作的要求一樣，也是「先求有，再求好，再求多」。

　　當孩子發現，老師好像沒把全班同學問完一輪，絕不善罷甘休時，大家就不得不正視這個問題，並且認真思考。

　　還有，同學講過的答案，我會透過麥克風再複誦一次，確定全班都有聽到。所以，講過的答案，後面的發言者就不可以再說「相同的」答案。怎麼樣才能「不重覆」說到同學說過的答案呢？就是全程參與，仔細聆聽。因為越後面發言，答案都被講得差不多時，回答的難度就會越來越高。為了不要講到同樣的答案，專注聆聽，認真參與，就變成非常重要。

　　一來要認真聆聽同學有沒有講到自己要講的答案；二來自己的想法要如何正確說出口，如何組織、說明，別人才能一次聽懂；三來同學一講完，老師馬上會請其他同學分享想法、補充遺漏或是形成討論，讓說服的理由更充足。最後，再請孩子把剛才的話，有頭有尾的說得更加完整。這些步驟，就是口語表達的日常鍛鍊。幾輪訓練下來，孩子的專注力就會越來越佳，腦筋也會轉得越來越快。

　　當老師提問時，難道沒有孩子偷偷在臺下聊天或是放空嗎？眼角餘光瞄到 1

號和 2 號在臺下聊天，我會心平氣和的移到前方，馬上轉場：「1 號，請問，同學剛剛的想法，你認同嗎？」

「呃……。」1 號一臉驚慌，2 號看起來也有點慌張。

「你剛才沒聽到答案？還是有聽到答案，但做不出判斷？還是剛才你在放空、聊天？還是……？」我會溫和的慢慢問，免得驚嚇到孩子。因為老師只是要「喚起孩子的注意」，千萬不要有其他負面情緒，擾亂原本的教學氣氛。課堂上，我不會釋放負面情緒，也不該是老師生氣的時候。記得，課堂上的孩子都是在學習中，犯錯也是一種學習。

▽ 教「能力」，比教「進度」重要

這種情形多上演個幾輪之後，全班孩子就會明白，課堂上專注就是必要之事，如果一問三不知，那還真是為難自己。老師在課堂上不斷追問，頻頻出招，孩子為了要接招，專注力及批判思考力就會逐漸在身上顯現，因為沒有哪個孩子，希望自己被老師問到啞口無言，無力招架。

一段時間後，原本聲音跟蚊子一樣大的孩子，也能藉由回答問題的訓練，表現越來越好。前提是，老師要營造一個安全的學習環境，接納孩子的意見及感受，尊重每個人的看法，切勿沒聽到自己的定見，或是聽不到正確答案就情緒上升，這樣會造成反效果。老師的每一個提問，都是「拋磚引玉」，引發思考及討論，藉由全班互動，帶出思考的意義。

可能有老師覺得，一堂課時間短短 40 分鐘，哪可能這樣一直循環下去，光問幾個問題，進度就跟不上了。我的想法是：「教能力，比教進度重要。」

我們一直按照課程計畫教進度，孩子的口語表達，也有同時進步嗎？若照此推論，高年級孩子的口語表達能力應該最好才對，但是，教學現場卻是相反，年級越高，「偶像包袱」越重，也越難開金口。能力培養出來後，孩子的回答就是教學的反饋，進度就會用加速度追回，而且是加倍追回。

課堂上若都是老師在講，孩子沒有充分表達自己想法的機會與舞臺，沒有練習，就不會萌生學習動機，孩子絕不會「自動變好」。任何值得學習的能力都沒有捷徑，教會孩子正確表達自己意思的能力，終身受用。

10
「實況模擬」，
讓臨場反應不卡關

　　接到電視臺記者來電，想來班級採訪「愛臺灣、愛地球」相關教學。雖然班上孩子在五上開學時，已經接受過雜誌平面記者的採訪，但是他們是第一次面對「電視臺」記者。口語表達不流暢，記者會重問或是換句話問，孩子可以想一想再回答，再怎麼不流暢，平面記者都會讓孩子慢慢把話講清楚，對孩子而言，平面記者採訪的壓力較小。

　　但是，電視臺不同，記者一問完，鏡頭就轉過來正對孩子，孩子得馬上接話，完全考驗臨場反應與勇氣。

▽ 超前部署，事先演練

　　過去，學長姐們有許多被採訪的經驗，好不容易輪到自己上鏡，孩子們高興得不得了。但是，若是詞窮或語焉不詳，表達欠佳，畫面一定是被剪掉。

　　孩子一開始得知電視臺記者要來採訪時，興奮異常。我在課堂上隨口問了幾個問題，孩子回答得七零八落，甚至有的聽到同學的答案後，故意「唱反調」及「調侃」擾亂，以為挪揄同學可以增加自己的能見度，趁亂刷存在感。

　　孩子可能只想到「上鏡頭」超帥，卻沒想到貪一時之快，逞一時之勇，電視臺可是不留情面的，而且低俗的回應只會拉低自己的修養。

　　我分享學長姐先前接受大愛電視臺採訪時的經驗。當節目導演問孩子：「操作完晉如老師在網路上暴紅的六張學習單後，你有什麼改變？可以跟我們分享一下，你在家裡與爸媽互動的改變嗎？」導演問完，巨大的攝影鏡頭及收音麥克風瞬間移到小男孩面前。

　　平常小男孩在班上樂觀開朗，暢所欲言，沒想到鏡頭一挪過來，小男孩彷彿社交恐懼症上身，緊張到身體發抖，呼吸困難，說不出話來。更可怕的是，連臉的顏色都變得更白了，最後小男孩竟然在大家面前變成一根冰棒！

　　「……我……在家……爸媽……都……不敢……讓我生氣……」，小男孩毫無掩飾的顫抖及中邪似的胡言亂語。

　　「………」，班上一片寧靜，不管大人小孩，此刻都不知道要說什麼。鏡頭移開，待小男孩情緒恢復平靜後很糗的說，他原本想說的是，因為知道爸媽養育小孩很辛苦，所以現在「我在家都不敢讓爸媽生氣」。

　　「我在家都不敢讓爸媽生氣」，竟然會在極度緊張之下倒裝講成，「在家爸媽都不敢讓我生氣」？

　　美國哲學教授、著名的邏輯學家麥肯納利（D .Q. Mclnerny），曾分享一個案例指出：「語焉不詳，在生活中會讓人哭笑不得，甚至帶來災難性的後果。」臺下孩子聽完學長的故事，被震顫到流露出不可思議的表情。孩子的臉上一副事態嚴重模樣，看著他們沉下的臉，額頭上有冷汗滲出來。

　　「學長最後怎麼了？有沒有播出？」孩子們問。

　　結局當然只有一個，就是畫面被剪得「一刀不剩」。

　　「那我們被採訪的新聞，何時會播出？」孩子忍不住又問。

　　「誰說採訪完一定會播出？」聽我說完，臺下一陣錯愕。

　　「採訪的過程要是不順利，你們隨便亂講，或是秩序不佳，你覺得這樣的畫面適合播出嗎？播出後，記者會不會被電視臺罵？」孩子們又是一陣錯愕。

　　「萬一記者突然覺得，教育新聞很無聊，又沒人要看，也可能取消啊！」我又補上一個殘酷的假設。

我的話，猶如當頭棒喝，孩子這時才正視電視臺來採訪不是開玩笑的事，這時才真正有「大夢初醒」的警惕。

「現在六上剛開學，如果到你們畢業前，這是唯一一次電視臺採訪，你想不想把握？」我問。

「當然要！」。臺下的孩子振作精神，立刻回答。

聽明白後，面對記者的到來，孩子們除了異常興奮，也顯得侷促不安。有時候，人生迎來第一次機會，說不定也是最後一次。

「萬一答不出來怎麼面對鏡頭？」孩子緊張的問。

「如果連問題都聽不懂，更慘！」有人回答。

「老師，不然你先告訴我們記者要問什麼？我們提早想一想，老師再教我們怎麼回答比較好。」

我暗自竊喜，引導了老半天，終於有人想到提前部署。任何努力，都比不上自己主動想做的動機強大，與其老師自己緊張，不如讓孩子明白為什麼需要把握機會。

▽「實況模擬」如何從容面對問題，面對鏡頭？

按照以往被採訪的經驗，其實我並不知道記者會問什麼，但記者要問什麼，倒也不是無法推擬出來。我請孩子想一想，如果記者來看到你們「愛臺灣、愛地球」這麼精湛的開花小書，一本接一本開著花翻頁，每一翻頁就蹦出新的主題，這麼吸睛的作品，記者心裡一定會產生很多好奇吧？

為了讓孩子把握這難得的機會，也為了緩和孩子的緊張情緒，我帶孩子來個「實況模擬」。如果你是記者，你一定很想知道這個班級的學生到底在學什麼，做什麼？為什麼小學生這麼厲害？這樣一本精緻的小書是怎麼做出來的？要怎麼問，記者才能挖出原因？

我請孩子每人列舉出 1-3 個記者想問的問題，提問要能引導出我們在學什麼，怎麼做出這麼高難度的小書。

以下是孩子的提問：

❶ 課本上沒有齊柏林的故事，這些題材是怎麼來的？

❷ 你了解齊柏林嗎？他對我們這塊土地有什麼貢獻？

❸ 老師講解時，你聽得懂嗎？

❹ 你們為什麼要做環境議題的小書？

❺ 你如何查資料，有遇到什麼困難嗎？

❻ 上完了這些環境議題，空氣污染，全球暖化等統整課程，你學到什麼？

❼ 請問小書是你自己做的嗎？

❽ 做小書的過程，有沒有覺得困難的部分？

❾ 做完小書你有什麼感覺？對你的未來有幫助嗎？

❿ 你可以怎樣身體力行做環保？

⓫ 你們會不會覺得有這個老師很幸運？（嗯……我很好奇孩子的答案。）

⓬ 你製作小書是基於自願，還是被老師逼的？（哈哈哈，全班忍不住大笑。）

基本上採訪的時間很短，能問的題目不會太多，每個人只要出兩題，全班就有五十題題庫，扣掉重複或語焉不詳的題目，還有一堆題目能讓孩子模擬應戰。

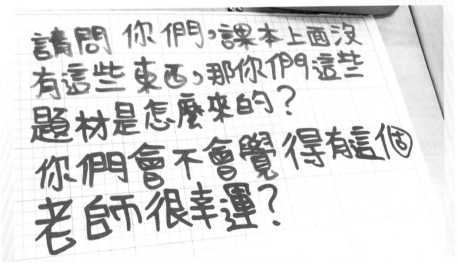

▲ 孩子的模擬訪談問題。

▲ 學生張育睿對著攝影鏡頭，流暢的介紹自己的小書。

▽ 訓練音量及膽量，組織文句

有了前面的「曉以大義」後，孩子們更加謹慎思考每一個細節。模擬題目出現後，請孩子針對題目想一想，如果記者這樣問，該怎麼回答？

我先請孩子發言，再請大家一一補充，最後將孩子的答案統整書寫在黑板上，提醒他們前後句該怎樣組織，使用什麼連接詞才能把句子說得更完整。

孩子一邊聆聽，一邊認真筆記，做筆記是為了採訪前的空檔可以拿出來看，幫助自己複習及提詞，免得到時緊張到「腦筋一片空白」。另外，提醒孩子攝影機雖然有收音麥克風，但音量也不能太小，否則收音效果不好。

▽ 正式上場，不慌不忙

有了前一天的準備，採訪日當天，記者問的題目全部正中孩子的題庫，孩子高興得不得了，練習過就是不一樣。採訪日的發言，比起前一天的手忙腳亂，簡直超級大躍進，連我都興奮起來，校長、主任不時還拿出手機錄影。

看見孩子穩定的情緒及有條不紊的發言，大家都認真聆聽同學的發言，避免講到重複的話，班級秩序出奇的好。

記者離開後，馬上記錄心中的想法

原本打算讓孩子回家寫日記，記錄被採訪的心得，但是，看到孩子當下驕傲喜悅之情，像火山爆發般濃烈的噴發著，不如，打鐵趁熱，馬上寫下心中感受。

只見孩子埋頭書寫，才幾分鐘就寫出滿滿感動。

「從聽到記者要來這件事，我就一直做著上電視的『白目夢』，一直練習如何回答。」

「雖然非常的緊張，心臟快跳出來，但是又好開心，還好我們有準備，同學都講得很厲害，沒有斷斷續續。」

「我偷聽到記者要走的時候，問了晉如老師下次要教什麼，所以我猜記者還會再來採訪，我要更努力的創作新作品。」

看到孩子們興奮之情溢於言表，雖然緊張，但他們也樂在其中，孩子們的「電視採訪初體驗」表現極佳，為師的我還真是開心看到孩子們的進步。無論新聞能否收錄孩子的鏡頭，「機會是留給有準備的人」，一直是我想告訴孩子的事。

學生心得

1

　　今天是我出生以來第一次被電視臺採訪，興奮無比，但也非常緊張，因為我怕記者問的問題我沒半句聽得懂，說不出話，就會很丟臉啊！可是我又好想上電視，又怕丟臉，最後我還是回答了一句，希望能順利上電視。今天是我第一次被電視臺採訪，也有可能是我人生最後一次被採訪，今天有點可惜，因為我沒有被叫去單獨問問題，不能一個人獨自上鏡頭，但這次的採訪讓我學到好多知識，我終於知道我們平常看到的新聞，原來是這樣採訪的，也讓我了解能上新聞是件不容易的事，希望以後我還能被採訪，把握每一次學習的機會。這次的採訪令我收穫良多，學到了很多經驗。（岡山國小　陳冠至）

2

　　今天的採訪很新奇，因為我從來沒有看過真正的電視記者，也沒有被採訪過，所以，真是既期待又怕受傷害。看到班上同學被訪問，覺得他們說得真好，真希望我也能像他們一樣這麼棒。最後黃哥哥還和我們全班一起合照，讓我們有放入畢業紀念冊留念的照片，他真是個好人呢！希望我永遠記得這美好的一刻。（岡山國小　蘇靖淳）

▲ 資料來源：高雄市政府教育局新聞資料剪貼《國語日報》。

家長心得

1

　　讀書不僅僅是學習課本上的知識，還要懂得留意關心身邊的人事物。一份「愛臺灣、愛地球」報告從構思、雛型到成品，學生要動眼（看影片，看資料）、動口（討論）、動手（寫作），還要動腦（構思、整合資訊），更重要的，也動了心（感受這一切美好與哀愁），這種作業無法以分數計分，成績單上看不到，但學習的效果在日後卻是可以加乘好幾倍，感謝老師。（張楚珮媽媽）

2

　　晉如老師真的有無窮的創意，每本小書都獨一無二，讓每個孩子成就感大爆表，更積極找資料，也能因此更深入的了解主題，學習到更多課本上沒有的知識。老師教學的熱情，令人感動，尤其是有孩子在老師班上的家長，更能感受這份真心，所以更感謝老師不畏辛苦與麻煩，也要培養孩子帶得走的能力，一生受益良多。（張茹涵媽媽）

▲ 資料來源：高雄市政府教育局新聞資料剪貼《中國時報》。

從平日帶孩子閱讀，
到運用課本內容引導思辨，
再實現於模範生選舉。
讓孩子從日常小事，
訓練「我本來就應該好好想想這件事該怎麼做」，
培養具有思辨能力、有自己想法，
而不是選擇從眾的孩子。

思辨力：
啟動解決問題的金鑰匙

值日生：

11

當閱讀變成習慣，
思辨理解就不難

　　有天，我接到某私立幼兒園園長的電話，園長說因為 108 新課綱，造成家長集體恐慌，怕孩子輸在起跑點上，紛紛要求幼兒園提前部署，提早教會孩子注音拼音、國字認字、123 書寫、甚至是 10 以內的加減法。除此之外，更希望老師增加大量「紙筆練習」，讓孩子回家有功課，把字寫好看一點。

　　電話聲中聽得出園長被壓得喘不過氣，不過，真正壓垮他們的是家長要求繁殖快速、破壞力強大的「紙筆練習」，最好能把幼兒園當成小一先修班來教。

▽ 做越多，孩子的學習熱情消退越多

　　園長希望我能為家長講一場幼小銜接真正該重視的事。幼兒超前進度學習，看似「贏在起跑點」，但是，人生不是百米賽跑，而是馬拉松賽跑。

　　站在任教高年級端的我看來，這些學會寫國字、認字看似「贏在起跑點」的孩子，到了高年級，學習成就在前端嗎？沒提前學會注音符號、不會寫字的孩子，一定位居後端嗎？

　　學齡前真正要學習的倒不是ㄅㄆㄇ，或是大量的紙筆練習，幼兒手部的小肌肉還沒發展好，過度紙筆練習，恐怕只會讓幼兒備受挫折，讓還未升到小一的孩子對學習澈底失去熱情。

　　想到背後這群辛苦指導幼兒寫字的幼教老師，我忍不住要大聲疾呼！於是，我答應了這場週六的演講，要與家長聊聊，學齡前除了教會生活自理能力外，還要重視什麼？雖然我演講的對象只是小眾，但是，我以實際行動力挺園長及幼教老師的心無比堅定。

　　當我一進場卻發現，兩百多人擠爆現場，老師們只能到最後面排排站。我被這個氣勢嚇到，尤其爸爸超級多，一改過去教育現況。看到這種情形，我暗自竊喜，教育本來就是夫妻要一起承擔，不只是媽媽的事。另一方面，心中不免覺得幼兒園竟然可以有這麼大的規模，我秒懂園長的焦慮與壓力。

　　演講現場，我請家長回憶從什麼時候開始，有 LINE 的出現？大家傻住，接著沉思，因為在座家長從沒想過這問題。

　　我舉了 2019 年入學小一的孩子為例，在他們出生那年，智慧型手機 iPhone 已經出到第七代，平板 iPad 已經出到第四代，這數據意味著什麼？這數據說明了這群 108 新課綱第一屆施實的孩子，是在網路 3C 全盛時期長大的。LINE 在他們出生時已經存在一年多，臉書更是存在超過五年，智慧型手機早翻新好幾代。

　　他們一出生，就是在網路興盛且健全的年代，從他們眼睛睜開那刻，聽到看到的多半是手機、平板、YouTube、電動遊戲。身邊的家長雖然圍著一起吃飯，但是大家紛紛低著頭滑著自己的手機，偶爾說幾句話，但基本上都不是投入的交談。大人也習慣一邊餵飯，孩子一邊看著手機裡的人物唱歌跳舞。

　　如果家長用手機當保姆，那麼在網路、手機、3C 科技全盛時期長大的小孩，差不多就是這模樣。當孩子進入小一，當他發現教科書不如手機、遊戲、YouTube 有趣，課本非但不能滑，也沒有即時回饋的聲光娛樂效果，面對無聊的課本，一節課 40 分鐘，老師的教學如果沒有比 YouTube 精采，如何抓住注意力稀缺的這一代？尤其放學後，忙碌的家長還會直接以手機餵養。

　　《螢幕陷阱》的作者索羅摩‧班納齊（Shlomo Benartzi）說：「你曾經想過會有這麼一天，我們晚上最後看見的東西，和早上睜開眼第一個要看的東西竟然是智慧型手機嗎？」這是一個訊息過剩，注意力稀缺的年代，連大人都越來越靜不下心來專注做一件事。

▽ 閱讀能力是所有學習的起點

看見臺下的家長眼睛露出惶恐，爸爸們聽完連忙把手機收好。孩子如果無法專注，還談什麼學習？

幼小銜接，你要做的是什麼？

從閱讀做起！從親子共讀做起！你陪過孩子讀過幾本書？你每天陪孩子講故事的時間有多少？你把手機交給孩子看影音節目的時間多，還是陪他親子共讀的時間多？

1000 個小時的閱讀經驗

我請臺下家長思考：當孩子在進入小一之前，已經擁有 1000 個小時的閱讀經驗，跟孩子在進入小一之前，已經擁有 1000 個小時的 YouTube、game 經驗，他們在進入小學後的表現，會不會有差距？

1000 小時如何運用？

我們來算算這 1000 小時的閱讀經驗，是如何運用的？如果以每天陪伴孩子閱讀「一個小時」來計，1000 個小時就需要 1000 天來執行，1000 天換算下來大約是兩年九個月。若以六歲入小一時間回推，也就是從孩子三歲三個月起，親子共讀就要開始。

如果以每天陪伴孩子閱讀「40 分鐘」來計算，1000 個小時需要花 1500 天，1500 天換算下來大約是四年又四十四天，也就是差不多從孩子二歲開始親子共讀。

兩、三歲開始親子共讀，是早，還是晚？

有些幼兒園配合父母工作，一歲半的孩子就可入園，多數是收滿 2 歲進入幼幼班，學習生活自理，所以一、二歲就可以學習生活事物。「聽故事」一向是孩子的最愛，市場上更多的是設計適合二歲前看的硬板翻翻書，認識水果、蔬菜、

動物等的圖片書。所以你覺得二、三歲開始親子共讀，是早，還是晚？

　　就我知道，有些家庭是孩子一歲多，家長就拿著布書與孩子玩書、摸書、念書、討論書的。二、三歲之前就開始親子共讀的家長其實很多，包括我自己。

請家長思考，帶著不同閱讀時數進入小學後的情形

　　一個是擁有 1000 個小時的閱讀經驗，一個擁有 1000 個小時的 YouTube、game 經驗。

❶ 哪一個在課堂上坐得住？

❷ 哪一個對學習比較感興趣？

❸ 哪一個在課堂上聽得懂老師的話？

❹ 哪一個在應對進退的表達力比較好？

❺ 哪一個在課堂上的思考力及吸收力比較好？

❻ 哪一個遇到問題，陳述自己難題，老師比較聽得懂？

❼ 哪一個遇到問題，被解決的機會比較多？

　　你希望你的孩子是哪一種？已經會拼讀ㄅㄆㄇ了？還是已經會寫ㄅㄆㄇ了？會寫國字一二三四了？會 1-10 的加減？

　　就我在教育現場的長期觀察，幼兒園的提早部署，成效大約在二年級後呈現明顯的分流。二、三年級以後如果不繼續拼搏，幼稚園的超前部署效果只能維持到小一。更可怕的是，這會令孩子及家長產生一種錯覺，認為低年級好像不用太努力讀書，成績都還可以維持在 90 分以上。

▽ 突破思想誤區，創造良性循環

　　但是，如果不幸陷入這誤區，會以為孩子好像輕輕鬆鬆念還可以 80 幾分，到了高年級，家長及孩子會驟然發現：「奇怪了，以前中年級社會科躺著念都有 80 分，怎麼高年級一下這麼難？」

　　我們回來看，擁有 1000 小時閱讀經驗的孩子，因為閱讀已經是他「生活中

的一部分」，閱讀變成一個習慣，書讀得多，閱讀能力越高，對詞彙和知識的增長更快、理解更多，結果就是進一步提昇閱讀能力，因此又可以再讀更多更有深度的書，提升更多能力……。這是一個相互促進的良性循環，也就是「富者越富」。

如果沒有重視或是培養孩子的閱讀習慣，閱讀能力越低落，對詞彙和知識的增長越慢、理解越少，結果就是進一步妨礙閱讀能力的發展，學習效果不佳，思考力變弱，越不想讀書……。這是一個相互影響的惡性循環，也就是「貧者越貧」。

經濟學領域的「馬太效應」說的是「富者越富，貧者越貧」。有錢人總是能錢滾錢，越來越有錢；窮人用有限的時間跟勞力賺錢，因為富人已建立起資本密集的門檻，窮人在資訊不對等之下，越來越窮。

「閱讀上的馬太效應」由心理學家基思‧斯塔諾威克（Keith E. Stanovich）提出，他認為兒童在早期閱讀方面的落後，將增加他們與同學之間的差距。因為閱讀困難，造成學習其他科目的問題，學業落後，跌幅增高。

「閱讀上的馬太效應」意味著，隨著時間的逝去，有閱讀與沒閱讀的孩子，就開始大幅度拉開距離。高閱讀能力，和低閱讀能力的兒童，在語文能力、對世界的認知表現，差異只會越來越大，貧者越貧，富者越富，富者一步領先，步步領先，富者任性，貧者認命。

家長聽懂越多，臉色越是凝重，他們之前想要的是紙筆練習，眼看再過半年就要升小一，焦慮全寫在臉上，我知道他們想問：「現在開始閱讀來不來得及？」當然來得及，任何需要學會的事，都是你不必等到優秀了才能開始，而是必須先開始才有機會很優秀。

現在很多孩子嚮往的職業是直播主，當 YouTuber 之前，要不要學會閱讀，以閱讀器材的說明書、閱讀相關資料，減少摸索時間？要不要寫腳本，閱讀文字訊息、安排畫面？要不要閱讀相關剪輯資訊，提升圖片及影片的內容，增加影片的豐富性及流暢度？

狄更斯名言：「這是最好的時代，也是最壞的時代。」這是最好的時代，有很多方式可以學習。閱讀能力是所有學習的起點，沒有什麼捷徑可以換得閱讀，

因為閱讀本來就是捷徑。

　　我拿出我帶的繪本，用〈讓閱讀成為班級的「隨時進行式」〉裡的方式推廣閱讀，親自示範「圖像法」、「預測法」、「推論法」與家長互動。

▽ 閱讀，決勝未來的關鍵

　　我拿著一張小男孩的照片詢問家長，如果紅線以下小男孩的臉將被消失，你覺得新的圖片可能是什麼？為什麼這樣推測？

　　家長看見螢幕上的照片，全瞪大了眼，同時，緊盯我的腳步。

　　我隨機挑選家長遞上麥克風：「爸爸，你覺得新的圖片可能是什麼？」

　　被選中的爸爸先是一驚，回神後，爸爸很認真的研究圖片：「我覺得可能是刺蝟。」

　　「為什麼你覺得是刺蝟，而不是其他東西？」我追問。

　　「因為小男生刺刺的頭髮，很像刺蝟的樣子。」

　　聽完，現場家長頻頻點頭，看來這位爸爸的答案引起共鳴。

　　以圖像讓家長進行預測，看圖接龍，並說出自己推測的原因，因為過去的生活經驗，搜尋到刺蝟，於是腦海浮現出刺蝟的樣子，核對正確，脫口而出。倘若，生活中沒有見過刺蝟，就不會出現這樣的答案。也就是說，每個人看到圖像聯想到的內容，會牽動過去生活經驗的總和。

謎底階曉時，全場都笑了。

　　第一張試試水溫，接下來爸媽們就知道遊戲怎麼玩了。第二張，螢幕出現蓮花，大家卯起來認真看，這次要去掉紅線以下，留下上面的花瓣。這題考倒大家，大家搔頭抓耳。

　　「花朵？」

　　「粉紅色的四個瓜子？」

　　「金魚的尾巴！」

　　看到答案，大家驚呼連連。

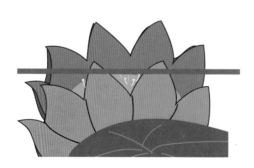

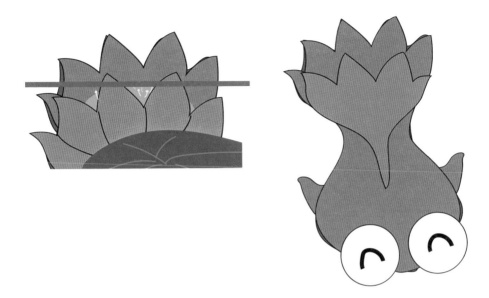

　　凡我走到哪裡cue到誰，誰就要馬上回答，現場氣氛立刻被炒熱。穿梭在兩百多人間，帶爸媽一起玩閱讀，現場氣氛嗨到爆。學齡前、低年級帶孩子這樣玩，讓不太會寫字的孩子用口說發表，促進互動；中、高年級以後，改成寫出自己的聯想，每一張圖的出現，都可以寫成一小篇短文。

　　如果你的孩子，小學六年「都有」閱讀，累積了六年，可以順利銜接國中程度。如果你的孩子，小學六年「都沒有」閱讀，上國中後，壓力將排山倒海而來。閱讀，決勝未來的關鍵！孩子是自己的，與其期待遇到好老師，不如先帶孩子閱讀，給他一生最重要的能力。

12

模範生怎麼選？
學會思辨不從眾

　　每年都要選一次模範生，這是親師生最關心的話題，模範生到底要怎麼選，才可以真正拔擢人才？怎麼選才可以皆大歡喜，心服口服？一連串的問題，不只孩子們在乎，家長也很關心。

▼ 訓練獨立思考，不從眾

　　「就知道你喜歡她還不承認？」男孩揶揄男孩。
　　「明明心裡就想著他！」
　　「哦～哦～有問題喔！」旁觀者也一起起鬨。

　　孩子升上六年級後，接近青春期的他們，對異性產生好奇，不少人開始出現欣賞、愛慕的對象。青春期，是孩子探索「兩性關係」的啟蒙階段，正因為尚在摸索如何與異性相處，感受格外敏感，常常話題只要不小心觸碰到「曖昧關係」的人物，當事人就會被同學瞎起鬨，然後一群盲目追隨者大聲嚷嚷助長聲勢，當事人要不是害羞、難為情、不知所措，就是惱羞成怒、臉色大變。
　　常常越急於向同學澄清，就越是「剪不斷，理還亂」。在這敏感之際，怎麼選出最令人期待，也最深具意義的模範生？

　　以前選拔模範生最常見的方式就是由「老師決定」，雖然由老師「欽點」模範生，可以最快完成上頭交辦的事，但剝奪孩子參與的機會，則有可能教出「順從」而不會思考的孩子。現在，家長意識抬頭，老師直接「欽點」，也很容易被質疑「老師該不會是挑自己最喜歡的學生吧！」

　　所以，選模範生的參與權漸漸下放到班級，由同學提名，推派出幾位候選人，然後進行「舉手表決」或是「投票表決」，黑板計分，高票者當選。這樣的方式，看起來很公平，但是，每位孩子「心裡」真正想的是什麼，不是單從「舉手」或「投票」就可以清楚明白。

　　我思考著，選拔模範生如果用「舉手表決」，一舉手立刻知道誰是「支持者」誰是「反對者」。許多孩子會為了避開「曖昧」或「緋聞」對象，為了躲開閒言閒語，選擇掩人耳目，而不敢力挺真正欣賞的「異性」。

　　就算老師大聲疾呼你們要自然、要大方，就大膽相挺吧！但是，高年級這群接近青春期的孩子仍有所顧慮，擔心「這一秒」的表態，將會成為同學茶餘飯後八卦的內容。孩子們發現支持「同性」，就是最安全的選擇，這樣「逃避」的表態方式，不敢說出心聲，難免造成遺珠之憾，有參與權卻沒有確實參與，可惜了啊！

　　若用最省時省力的「投票表決」（不記名），選完只知「支持率高」，卻不知道「支持的理由」為何？既然選拔模範生，就要選出一位讓人學習仿傚的對象，學習他的優點，如此，就更應該明確知道，他有什麼長處值得大家學習？

　　當傳統主流的選拔方式「舉手表決」及「投票表決」已經不適合班級現況，我又不想「直接欽點」，還有什麼方式可以選拔模範生？還有什麼「兩全其美」的辦法？這個方法必須看得出孩子對「模範生」有高度的期待，大家都能積極參與，能暢所欲言，大方表態，看來，有個安全、隱密的平臺能讓孩子各抒己見，是個重要的關鍵。

　　有些孩子會想，選誰都可以，反正不是選我，選誰我沒意見，不關我的事，懶得思考，選擇從眾。美國名作家馬克・吐溫說：「一般人缺乏獨立思考能力，也不想去探討或深思，自己沒有任何想法，只想知道隔壁鄰居怎樣想，然後盲目跟從。」

孩子長大都會出社會，最怕遇事只會盲從，不會思考，沒有自己的想法。所以，在班上不管大事小事，我都會請孩子說說自己是怎麼想的？為什麼？還可以怎麼做？讓孩子從小習慣，自己本來就應該好好想想這件事該怎麼做，而不是選擇從眾。

▽ 寫出心中的真實想法

我想起了「日記本」，日記一向是我和孩子間的祕密，我們師生早已培養出絕佳的默契，這絕對是個可以暢所欲言的安全小天地，除非，孩子自己想要「洩露天機」。

我請孩子們用「寫日記」的方式，表達他們的想法，寫出心目中理想的模範生是誰？

日記本收回來後，看到孩子們寫的內容，我非常意外，卻也感到高興。因為，在日記本裡，我看到孩子們的「真心話」，一些和平常生活「相反」的表態。

原先，我以為孩子們對班級幹部會「頗有微詞」，畢竟沒有人喜歡被管，但是看到男孩寫著：「我想要選○○○，雖然她會跟老師打小報告，但是我知道，她其實是為了我們班著想，所以我要選她為模範生。」

看到這句話，驚了一下，回想班級生活，原以為男孩一直對此反感，但其實我多慮了，回到團體生活真實面，孩子還是知道「紀律」與「常規」的重要性。的確，班級經營要能正常運作，營造有效率的學習環境，都有賴「紀律」與「常規」的維持啊！

真高興，孩子能秉持理性，以公事為重，慎思明辨，要不是以「寫日記」的方式表態，這群接近青春期的孩子們，面子重要，裡子重要，實在是很難公開力挺異性的啊！

課堂上，我宣讀了所有人的日記（作者不公開），臺下聽到自己被同學提名、誇讚，心花怒放；聽到他人眼光與自己相同，頗有「英雄所見略同」之感。因為在日記的小天地裡可以暢所欲言，班上超過一半的孩子都被提名，聽見自己被欣賞，真是又驚又喜。

「原來同學這麼看重我啊！」

「被欣賞的感覺真的很好呢！」

　　老師每念一篇文章，就像是「樂透開獎」一樣令人期待，每個人喜笑顏開。宣讀完畢，把人數統計在黑板上，總結最高票人選。

　　選完的當下，我請孩子思考，一改以往選模範生的方式，高年級「用日記表態人選」你有什麼想法？請他們馬上思考，馬上寫。

　　大家對選完結果都很滿意，尤其每個人的心聲都被充分的尊重、聆聽，身心靈不但澈底被解放，也完全被滿足。傾聽、尊重、理性思考與溝通，真的是人與人相處的最佳法則啊！

　　模範生順利選拔完畢，除了對這群孩子的成熟表現表達肯定外，還是要讓孩子明白，獲獎固然值得高興，但未獲獎並不代表失敗，人生真正的勝利是沒有框架的，也不是一張獎狀就可以概括一切。

　　學習的路上，也許正在黑暗中碰壁觸礁，也許還在挫折中磨礪自己，別灰心，不經歷風雨，長不成大樹；不受百鍊，難以成鋼。認清自己，並持續努力，成功，就藏在那堅持不懈的毅力裡。

「用日記表態人選」學生感想

以前，都是老師決定或同學投票，不免會有「人情壓力」，大家的票都只投給朋友，如果沒有，還會被指責呢！這次老師讓我們用寫日記來發表意見，既不怕被誤會，也能充份表達，非常公平！這次的方式，讓我們知道自己在同學眼中的樣子，同時，也能修改自己的缺點！

（以前，都是老師決定或同學投票，不免會有「人情壓力」，大家的票都只投給朋友，如果沒有，還會被指責呢！這次老師讓我們用寫日記來發表意見，既不怕被誤會，也能充份表達，非常公平。這次的方式，讓我們知道自己在同學眼中的樣子，同時，也能修改自己的缺點。）

（我覺得這樣的作法是最公平公正的，因為這樣既不會讓別人知道自己寫什麼，也不會以後難做人，所以我覺得這樣的做法最人道，而蔡助教選了最佳模範生，讓我覺得蔡助教是最適合的人選，我也非常欽佩這種為別人奉獻的精神。）

（我覺得這次利用日記來票選出模範生非常的公平，相較於之前的投票方式，這種方式更能表達出自己的意見，也不會有人情上的壓力，這次的投票方式也顯示出同學對於模範生的看法，有些人覺得模範生需要具備脾氣好、熱心助人等的特質，我覺得每個人都有自己的優缺點，我覺得只要能發揮優點、改善缺點，每個人都是「模範生」。）

（我覺得老師這次選模範生的方式很不一樣，因為這次是從「日記本」裡選模範生，我覺得老師這種方式很公平。因為以前不是第一名當模範生，就是選老師喜歡的學生，要不然就是當場在教室選，這樣男生和女生都會很難為情，也會怕被誤會。所以我覺得晉如老師的選法是對的，因為這樣就不怕被誤會，也可以很大膽的選異性當模範生。而且，老師讓我們一人兩票，選兩個自己最欣賞的同學，可以充分表達自己的意思，不用在教室裡有著尷尬的氣氛，也不會因為這樣男生都選男生，女生都選女生的情況，所以我覺得老師這種新奇的方式很好選模範生。）

發表或投票方式	寫日記表達意見
1. 不敢投票給異性	1. 隱密性高,可以充分表達自己想推薦的人及原因。
2. 盲目跟進大家舉手	
3. 候選人都不是心中選	2. 免難為情,大膽表達自己欣賞的異性.
4. 人情壓力(沒支持麻吉)	
5. 無法完全了解每個人支持的理由。	3. 沒有人情壓力,沒選麻吉也沒關係
	4. 更勇敢支持心目中人選
	5. 意見充分被尊重,感覺很公平.

▲ 孩子對不同投票方式的分析。

13

讀課文、學思辨 1：
向古人學敗部復活，逆轉勝

　　晏子，小時候耳熟能詳的人物，兩千多年前，晏子靠著他的沉著冷靜、機智反應及高超的說話藝術，成功扭轉楚王對他的三次羞辱。被人貶低、羞辱的時候，晏子的機智反應，帶給你什麼啟示？曾經陷在人生困境的你，是否嘗試為自己的人生敗部復活「逆轉勝」？相信高超的說話技巧，是大家極想擁有的能力。

▽ 了解故事背景，看懂因果關係

　　〈晏子使楚〉的文章，除了國小高年級，國中階段七年級還會再讀到，這一課文言文，對學生而言，字詞字義絕對有相當的挑戰性。兩千多年前的文章，能歷久不衰，絕對不只是要教會學生哪個字該如何正確寫，哪個字該正確讀而已，這當中更高階的獨立思考、批判思考及表達力該如何教？如何運用課堂提問，透過不斷的對話，帶領學生思考及推論文本隱含的訊息及觀點？如何從對話中，看出什麼樣身分、地位、個性的人，會說出符合自己地位、經歷、心理素質的對話，讓孩子從故事中看到人物的與眾不同與魅力點。

　　如果，孩子化身為故事中的主人翁，同樣的情境，學生會有什麼反應，如何面對？面對一波波毫不留情的羞辱，如何成功敗部復活，逆轉勝？老師不妨在課堂上來個實境模擬，當孩子面對晏子的難題，聽聽孩子回答什麼？當學生啞口無

言時，他們對晏子的機智及不卑不亢，就會更有感覺。

　　請孩子思考，一般來說，使臣出使到他國，通常都是奉為座上佳賓，怎敢大意怠慢，更遑論三番兩次遭受楚王的羞辱？

　　受限文言文的難度，課本無法將〈晏子使楚〉全文收錄，但可以先從歷史的角度，讓孩子明白當時的時空環境，齊景公意識到單憑齊國的力量，無法與鄰近強大的晉國抗衡，如果能與南方的楚國聯盟，一起對抗晉國，就會更有勝算。

　　晏子在這樣的情形下拜訪楚國，有求於楚王，楚王個性狂妄自傲，加上知道晏子擅長外交辭令，今有求於楚國，姿態便更加目中無人、不可一世，晏子受到楚王的「特別待遇」就更能讓人理解。

　　〈晏子使楚〉中的三個故事，可以引起思考及激發討論的點很多，即便課本沒有收錄前面兩個故事，我還是想說給孩子聽，晏子對抗楚國的不良居心與惡意誣衊，內心需要多堅韌與沉著鎮定，尤其在那一不小心就會招來殺身之禍的時代，不管是維護自己或是國家的尊嚴，除了需要勇氣，更需要智慧來機警應變，將逆轉勝。

▽ 用討論引導，啟動孩子的學習魂

　　翻開課本，我跟學生說：「這個主人翁，你們一定要記住，因為『逆轉勝』這件事，原來幾千年前就存在了。」孩子們好奇的抬頭，一副不可置信的樣子。

　　小學生一天到晚來告同學的狀，說被同學欺侮，要老師處理糾紛。

　　「如果，你在胖虎欺侮你的時候，就將他一軍，讓胖虎啞口無言，讓胖虎嚇傻，讓胖虎以後不敢在太歲頭上動土，這樣的超能力，你想不想要？」我問孩子。

　　「要要要，這麼厲害，當然要，當然要。」臺下一片熱烈，小男孩更是手握拳頭，充滿熱血。

　　「這個故事的主人翁，你們不但要記住，還要記一輩子。」我說。

　　「哦哦哦，為什麼？」孩子好奇的問。

　　「這位老人家，老師小時候讀過，老師的爸媽也讀過，老師的阿公阿媽也讀過。將來，你變成阿公阿媽時，你的孫子也會讀到。你，總不能比自己的孫子還遜吧？」孩子們一聽，立刻端坐好，瞪大眼睛。

　　「誰這麼厲害？」孩子的臉，全寫著黑人問號。

「晏子。」我回答。

「燕子？我家騎樓上住的那群燕子嗎？」果然，臺下坐的就是貨真價實的小學生。

「是晏子，他是人，不是鳥。」

「晏子的『子』，是古代對有學問、有貢獻男性的尊稱。就像孔子、孟子這樣。」我說。

【古文原文】晏子使楚。楚人以晏子短，為小門於大門之側而延晏子。

晏子出使到楚國，楚王知道「晏子短」，故意在城門邊開了一個小門，想在晏子進門前，來個下馬威，讓晏子鑽小門而入。

「明明有大門，卻故意不開，用鑽小門取笑晏子的生理缺陷，譏笑他矮小，楚王有沒有很惡劣？」我問。

「有，可惡，跟胖虎一樣壞。」孩子瞪大眼睛說。

「如果你是齊國的外交官，出訪到楚國，楚國開小門給你，你們要不要鑽進去呢？」我問。

「當然不要鑽啦！」孩子們義正詞嚴。

「可是，楚國沒開大門，該如何進去呢？」我問。

「呃……。」孩子面有難色，無言以對。

「晏子貴為齊國大臣，要是鑽了，不正好中了楚王的圈套？不但侮辱自己的人格，也侮辱了齊國的國格，對嗎？」我問。

「對對對，所以，千萬不能鑽小門！」孩子們聽完，激動大喊。

「那該怎麼進去呢？」我問。

「呃……。」孩子撓腮抓耳，焦急苦悶，無言以對。

「他國外交官來訪，怎麼會連大門都進不去，楚王在想什麼？」我問。

「楚王很過分耶！外交官來訪，不是應該大大禮遇嗎？」孩子激動不解。

「你們覺得楚王為什麼這麼沒禮貌？」我問。

「楚王一定是眼紅嫉妒晏子口才好，想要挑戰他的智商與反應。」女孩回答。

「楚王就是囂張狂妄的傢伙，天生毒舌派。」女孩補充，臺下的孩子用力點

頭稱是。

　　當時楚國是由楚霸王執政，是春秋時期南方大國，楚王個性狂妄自傲，氣燄囂張。晏子親自來向他遞出交友訊息，所以，楚國的姿態，一副高不可攀的傲慢驕橫。

　　「聽完，你們有沒有體會出什麼？」我問。
　　「楚王不想答應齊國的交友嗎？」男孩皺眉。
　　「齊國和楚國，如果變成聯盟，兩國加起來，不就比晉國強大了嗎？」我問。
　　「那，楚王應該要接受交友才對，但是他又對晏子不禮貌⋯⋯。」孩子困惑，支支吾吾。
　　「國與國之間，是多一個朋友，還是多一個敵人，哪個比較好？」我問。
　　「當然是多一個朋友比較好，敵人會傷害自己的國家耶！」孩子回答。
　　「那楚王到底要不要接受齊國遞出的交友訊息？」我問。
　　「應該是要才對啊！」女孩為之促眉。
　　「哦哦哦，該不會是，楚國比較強，覺得齊國來求他們，就踢個十萬八萬的樣子。」男孩突然靈光乍現。
　　「當你有求於人時，不彎腰，不低頭，怎麼進人家家門？」我說。
　　「可是鑽小門，擺明是羞辱人啊？」孩子皺眉蹙眼。
　　「你是齊國的外交官，已經來到楚國大門，進去，或不進去？」我問完，頓時，全班傻住，不知所措。
　　「來表決一下，出使就是要達成外交任務，拉攏楚國結盟，免得最後被強大的晉國殲滅，你願意勉為其難鑽進小門的，請舉手。」孩子蠢蠢欲動，不過，手舉得低低的，我認真數了，總共三位。
　　「不願意鑽進去，直接掉頭返國，請舉手。」一群人高聲呼喊，拍案怒罵，男生的手還舉得特高，還有人兩隻手都舉了。
　　「來，請你說說，為什麼你願意鑽進去？楚國故意羞辱你耶！」我問。
　　「呃⋯⋯因為⋯⋯我⋯⋯我⋯⋯也不知道該怎麼辦？來楚國就是要辦公，不進去，見不到楚王。」侯塞雷一副委屈的說。

「呃……好像也只能鑽進去，達成外交任務，對國家人民有交代，……鑽吧！」曾厲害說。

「我不想被羞辱，但是……不進去，齊景公應該會生氣……呃……。」郝高分左右為難的說。

「晏子貴為國家重要使臣，齊王倚重他的長才，如果鑽小門進去，將淪為各國的笑柄，是奇恥大辱。楚王不但氣燄更加囂張，齊景公的臉也丟光。齊國弄臣要是知道了，為了維護江山社稷顏面，晏子應該以死才能謝罪，說不定就……來人啊！拖出去斬了！」我說。

底下不願意鑽進去的那些孩子，聽完老師的話，放聲狂笑，彷彿這三位班級前三名的學霸，立刻從框金包銀金腦袋的神殿上，跌下來變成豬腦袋。這笑聲，似乎在慶幸，自己沒舉手是對的。

「那麼，其他人，你們覺得現在該怎麼辦？」我問。

「開什麼玩笑，楚王亂羞辱人，當然不鑽，直接返回齊國啊！」男孩回答得既海派又阿莎力，其他同學點頭如搗蒜。

「晏子沒有達成外交使命，選擇當縮頭烏龜返回齊國，沒有成功交友，合開粉絲專頁，辜負齊王及全國百姓的期待，有辱國命。就算齊景公捨不得，在弄臣喋喋不休與輿論的撻伐之下，弄臣也會勸齊王要以天下為重，晏子變成不適任外交官的下場，應該會是，來人啊！拖出去斬了！」我一喊完，孩子們大打寒噤，驚懼顫慄。

「鑽進去，拖出去斬了；不鑽進去，也拖出去斬了……。」孩子們怨聲載道，全班卡死在這裡。

「那，有沒有別的想法？」我問。

「既然這樣，就不要鑽小門，想其他辦法。」章魚哥說。

「哦哦哦，什麼辦法？」師生皆好奇的看著他。

「我就撐竿跳，直接跳過城門去。」章魚哥神色不亂的說完，全班響起如雷的掌聲及瘋狂的笑聲。

平常班上循規蹈矩的乖乖牌，打落牙齒和血吞，選擇忍辱負重鑽進小門；這個章魚哥，課堂上常常一言九「頂」，一副懷才不遇的樣子，沒想到，這下想

出「撐竿跳」，好個規劃執行與創新應變的妙方啊！

「老師，我們答對沒？晏子到底是怎麼進去的？」臺下孩子一片熱切盼望。

**【古文原文】晏子不入，曰：「使狗國者，從狗門入。今臣使楚，不
當從此門入。」儐者更道，從大門入。**

晏子說，出使狗國，才會從狗門進入，今天是出使到楚國，不應該從這小門
進入。所以，晏子把小門稱作狗門，楚國變狗國，楚王不就變成「狗王」！接待
的官員一聽，這還得了，趕緊讓晏子從大門進入。

「哇哇哇！好厲害啊！」孩子佩服晏子之情，溢於言表。

晏子贏了一個完美的轉場，成功把狗國之名送給楚國，迎頭痛擊，並贏得在
場人的敬佩。原本屈居下風的晏子，一下子扭轉局勢，占了上風，這是兩千多年
前的「逆轉勝」。

「好精采啊！好厲害啊！還有沒有？還有沒有？」孩子紛紛追問，引頸期盼。

沒問題，讓我們繼續看下去。

14

讀課文、學思辨 2：
冤冤相報何時了，
可是不報受不了

　　前一局，楚王開「狗門」當「狗王」，輸得不甘不願。第二局，楚王嫉妒癮發作，譏諷齊國沒有人，乘機羞辱晏子。在第二局的故事裡，我另外安排了特別嘉賓助陣，加深孩子的思辨力。

▽ 聽故事容易，重點在於關聯性

【古文原文】王曰：「齊無人耶，使子為使？」
　　　　　　晏子對曰：「齊之臨淄三百閭，張袂成陰，揮汗成雨，
　　　　　　比肩繼踵而在，何為無人！」

　　楚王見到晏子後說：「你們齊國是都沒人才了嗎？怎麼會派你這種咖來？」

　　晏子聽了以後回答：「我們齊國的都城臨淄有七千五百戶人家，每個人張開袖子，就能把天遮住；揮一把汗水，就如同下雨；街上的行人，肩靠著肩，腳尖碰著腳跟，人可是多到爆炸，哪會沒人呢？」

　　原本，楚王的本意是嘲笑齊國沒有「人才」，但是，經過晏子的巧妙轉化，轉了「人」一字多義的特點，把「人才」的人，不著痕跡的轉換到「人口」的人，

以「人口數」強壓「人才數」。

　　晏子利用文字「一字多義」的特點，完美迴旋，將楚王說的人字還給他，毫無激化對方情緒的空間可言。畢竟，晏子背負著聯楚抗晉的使命，來請求加友，姿態宜低，談問題，迴避要害，找文字弱點進攻，避開與狂妄的楚王正面衝突、人頭落地的機會，再次贏得漂亮的轉場。講到這個「人」字，我腦海突然閃過甘地的故事。

　　「老師，快點說，快點說。」大家最愛聽故事了。

　　被印度尊為「聖雄」有印度國父美譽的甘地，在英國倫敦大學就讀法律時，一位白人教授有嚴重的種族歧視，自認白人高人一等。某日，甘地在學校用餐時，端著餐盤尋找位置，正巧，發現白人教授旁邊有個空位，於是，甘地坐了下來。教授看了，露出極度鄙視的厭世臉，不屑的說：「甘地，你該知道，低能豬和小鳥，是不會坐在一起用餐的。」

　　甘地聽完，抬起頭，慢悠悠的說：「教授，您別緊張，我很快就會像小鳥一樣飛向天空。」說完，甘地拿著餐盤移至他桌，把低能豬留在原處。

　　全班響起熱烈歡呼，每個人的臉上，無不寫著欽佩及厲害。

　　「這兩個故事有什麼共通點？」我問。

　　「都是講機智的故事。」孩子回答。

　　「聽故事容易，重點是，有沒有聽出關聯性呢？」老師再給點線索。

　　「是不是『人』和『鳥』這兩個字。」侯塞雷露出疑惑的臉。

　　「可以講更完整一點嗎？老師期待聽到完整的答案。」

　　「晏子把人才的『人』當成人口的『人』；甘地把教授講的『鳥』當成自己。兩個人都直接按照文字意義解讀。」侯塞雷說。

　　臺下孩子紛紛點頭，看起來，頗為讚許這個答案。

　　甘地自稱小鳥，把低能豬之名，還給了教授。甘地和晏子都是應用智慧，輕鬆以對的轉場，讓對方啞口無言。原本落居下風，立刻占了上風。

　　晏子及甘地運用文字的力量，成功的轉場，完成了兩件事：

　　一、以其人之道，還治其人之身。

　　二、贏得所有人的掌聲與敬佩。

▽ 劣勢轉優勢，是可以學習的

【古文原文】王曰：「然則何為使子？」

晏子對曰：「齊命使，各有所主。其賢者使使賢主，不賢者使使不肖主。嬰最不肖，故宜使楚矣！」

接下來，楚王問晏子：「既然人那麼多，為什麼派你這種咖來？」

晏子回答：「齊國派遣使臣，各有對象。賢能的人，出使到賢明的君主那；不賢能的人，就派到不賢明的君主那。晏子我最無能又不賢德，所以只好出使到楚國來。」

翻譯成白話：我是最下等的不良使者，所以，被派到不良級的楚國。晏子還加碼解釋，這樣的人力派遣，其實是經過縝密的考量，一切都是為了兼顧各國的特殊需求，尊重差異，接納多元，適性揚才，以便用人唯才！

話鋒被晏子一轉，變成楚王自討無趣。楚王一次次羞辱晏子不成，簡直是自己搬磚塊，砸了自己的腳。

「哇！超厲害啊！還有沒有？還有沒有？」孩子聽得熱血，緊追不捨。

講到這，晉如老師又想起甘地的故事。

有種族歧視的白人教授，在課堂上問甘地：「如果有兩袋麻袋，一袋裝滿金幣，一袋裝滿智慧，只能拿一袋，你如何選擇？」

甘地想都沒想回答：「當然是一袋金幣。」

教授滿臉奸笑嘲諷甘地：「我就知道你會選金幣！如果是我，我會選擇智慧那一袋。」

甘地輕輕的笑了笑，溫和的說：「在我的家鄉，我們會選擇我們沒有的東西。」

白人教授聽完，整個臉扭曲變形，印堂發黑，腦袋充血。

「這兩個故事有什麼共通點？」我問。

「第一回合是字義取勝，這一回合是選擇取勝。」同學對曾厲害露出欽佩的眼神。

晏子與甘地的故事，都是兩個選項擇其一。晏子在能者與無能者擇一，甘地

在金幣與智慧中擇一。看似晏子與甘地都選了最差的選項，但是，一選完，就直接把對方打入十八層地獄。

有些人，真的煩不勝煩，愛挑釁又沒修養，如果苦往肚吞，對方一定會玩上癮，越玩越大。雖然冤冤相報何時了，可是不報受不了！如果能讓對方一招斃命，就能永絕後患。

這故事精采的轉場，完成了三件事：
一、先把自己拉低，墊高他人，製造荒謬感。
二、用自己的禮貌與好修養，凸顯對方的沒修養、沒水準。
三、沒事別亂踩他人，先去把書讀好，免得自取其辱。

如果沒有好好讀書，是沒有足夠的視野與靈敏度，課本要我們明白說話的藝術，應該不是只要明白就好，不是知道就好。劣勢轉優勢，是可以學習的。

「還有沒有，太精采了！」孩子們大喊安可。

好故事當然要繼續看下去。

15

讀課文、學思辨 3 ：
出來混，遲早要還的

〈晏子使楚〉受限文言文的難度與字數，課本跳過精采的兩個橋段沒有收錄，只留下一個故事。但是，故事不讀完整，還真是不痛快啊！看孩子們也欲罷不能，老師就立刻加碼另外兩個故事。

▽ 洞察局勢，漂亮轉場

繼前兩篇，楚王羞辱晏子尚未得手，俗話說得好：「有一就有二，有二就有三，無三不成禮。」失敗兩次，灰頭土臉，江湖再艱難，楚王還是得爬起來。

這一次，楚王給的難題更加狡猾。楚王對身旁的大臣說：「晏嬰是齊國最會說話的人，將派來我們國家，我一定要趁機羞辱他一頓。快快快，幫忙想想，有什麼好辦法？」

大臣說：「晏子來了以後，臣就故意捆綁一個人，從大王您面前經過。大王您要記得問：『這是什麼人？』臣會回答：『是齊國人』。您故意再問：『犯了什麼罪？』我們會說：『犯了竊盜罪』。讓晏子知道，他們齊國人，在我們楚國的土地上幹壞事，手腳不乾淨，讓他難堪。」

楚王點頭稱是，眼神望向遠方，嘴角露出得意的獰笑。

左等右等，晏子終於來了。楚王熱情的招待晏子喝酒，晏子喝得微醺正開心時，衛士綁了一個人來晉見楚王。

楚王按照之前的彩排，故意裝萌說：「啊這被捆綁的人，花生省魔術？」

「報告大王，他是齊國人，犯了竊盜罪。」衛士一副正氣凜然。

「唉啊啊！我說晏子啊！原來你們齊國人，天生就愛偷東西，母湯哦！」楚王趁機羞辱一番。

「楚王不但造謠，還演戲彩排，污衊齊國人偷東西。無中生有的事，你們怎麼看？」我問學生。

「哇喔！這比前面兩個故事更離譜，楚王殺紅了眼。」學生回答。

「楚王真的是虐待狂耶！」

「楚王很假！還假惺惺問犯人是哪裡人？」

「楚王嫉妒心超強，不撂倒晏子不甘心，他就是要證明自己很強，所以一直進攻。」

「晏子在楚國，以寡敵眾，怎麼比，晏子都比較厲害！」

「鑽狗門、國家沒人才、齊人偷竊，這三個故事，哪一個逆轉勝的難度比較高？」我問學生。

「齊人偷竊這個。」毫無意外，全班看法一致。

「為什麼？」我問全班。

「這齊國人真是老鼠屎，偷東西還被楚國抓到！」章魚哥為晏子叫屈。

「吼喲！偷竊是假的啦！那是楚王瞎掰的，前面彩排就有說，你是有沒有認真聽？」郝高分回答。

「晏子很可能會以為偷竊是真的，覺得丟臉，然後自亂陣腳。」侯塞雷回答。

「如果你有機會當大臣，要不要當楚王的大臣？」問完，臺下一片反對聲浪襲來。

「楚王陰險狡詐，情緒控管不佳，伴君如伴虎，萬一他哪天不高興，大臣一定人頭落地。」男孩說完，全班點頭稱是。

表面上，楚王當然是刁難晏子，但是，實際上楚王是將矛頭對準整個齊國人

「天生愛偷東西」。嘖嘖嘖，楚王這一招，非同小可啊！這一招的難度，有別於以上兩個故事，前兩個地雷，都是冷嘲熱諷玩「文字遊戲」，以晏子的學識，輕而易舉就能化解。

　　但是，對於齊國人在楚國「偷東西」這件事，或許是真的，或許是假的，但是，是真是假，誰知道？我們來看一個例子。

　　「人是你殺的！」楚王說。
　　「不，我沒有，人不是我殺的。」晏子回答。
　　「天下的罪犯，都說自己沒罪。」楚王說。
　　「人不是我殺的啊！我發誓，如果我殺人，齊國就滅亡！」晏子回答。
　　「請拿出證明，證明人不是你殺的？」
　　「啊我就沒殺人，是要怎麼證明？是誰說的，請他出來對質。」晏子回答。
　　「所以，人就是你殺的！因為你拿不出的證據。」
　　「天公伯啊！這有天良嗎？我沒殺人，是要怎麼證明啊？冤枉啊！冤枉啊！」晏子回答。

　　如果以上是楚王和晏子的對話，晏子氣急敗壞、委屈生悶氣的模樣，一下對天發毒誓，一下又要跟造謠者對質，不但不能為自己洗白，極力無辜的辯解，更會讓楚王疑心生暗鬼。

　　不過，如果晏子這麼遜，後世也就沒有讀〈晏子使楚〉的必要了。這一段「齊人愛偷東西」的抹黑，晏子並沒有極力辯白，更沒有追究齊國人到底有沒有在楚國偷竊，他完全不理會楚王鋪的梗，而是採取了另一種方式來應對，轉了一個漂亮的場。

🛡 保持彈性解讀，啟發多元思考

　　自古以來，大家都愛聽故事，晏子就逕自講起故事，觀眾便好奇的聽起故事。

　　晏子說：「我曾經聽過：橘樹，生長在淮河以南，長出來的果實就是橘子；生長在淮河以北，長出來的果實就是枳。橘和枳，只是葉子很像，但是，味道完全不同，為什麼會這樣呢？因為水土環境不同的緣故。現在，這位被捆綁的仁

兄，在我們齊國時不會偷東西；到了楚國，卻會偷東西。嘖嘖嘖，這難道不是因
為楚國的環境，讓他變得喜歡偷東西？」

這就是歷史上有名的〈橘化為枳〉的故事，晏子靠著講故事，一下子把大局
扭轉。晏子舉了個人人皆知的事，同樣的人事物，因為環境不同而產生變化，人
的習性也會跟著改變。原本住在齊國的人安分守己，到了楚國，受到環境的影響，
當起竊賊，不過就是兩地的水土環境差異造成的。

〈橘化為枳〉的故事妙在哪呢？晏子的故事，暗指了楚王的治國無方，社會
風氣敗壞，好人才會變成壞人。

千萬不要小看這個故事，這個故事，歷經兩千多年，不斷出現在歷年的教科
書，前面說過，你的阿公阿媽阿祖輩都讀過。將來，你的孫子、曾孫、曾曾孫等
等，還會讀到這故事，它將流傳得更久遠。

好方法，當然要馬上學起來，因為隨時都可能派上用場。這當中最威的手法
是，把「偷東西」的行為，巧妙的變成「楚國的問題」，搶回自己的話語權，主
導場子，也維護了自己及國家尊嚴。

楚王不但沒有成功侮辱晏子，連楚國的名譽都賠上，損失特大，所以楚王趕
緊賠不是。楚王原本想取笑晏子，沒想到自取其辱。面對晏子謙恭有禮的態度，
從容不迫的回答，楚王只能甘拜下風，將嘴閉上。

晏子用自己的機智，不露聲色，鎮定沉著的面對楚王的刁難，不傲慢、不卑
屈，將負面的、失敗的、嘲諷的場景，華麗的轉一個彎，變成正面的、成功的、
令人拍手叫好的場景。

「你們怎麼看楚王？」我問。

「楚王可以不要再秀下限了嗎？」章魚哥說完，全班笑噴。

「你們有沒有發現，晏子每一次成功，就像是拿到一張門票，然後，前往下
一個更困難的問題。」孩子聽完不斷點頭。

其實，人生難題，不也如此接踵而至嗎？上完課之後，我請大家想一想，總
結一下從〈晏子使楚〉故事中，學到什麼？連結到什麼？

「進人家家門，你得低頭。」

「人不可貌相，海水不可斗量，別用外表看人。」

「位高權重者，很多都狗眼看人低。」

「如果自己力量不強大，可以找別人結盟。」

「敬人者，人恆敬之；不敬人者，人恆不敬之。沒事別羞辱他人。」

「我阿媽常說『搖擺沒有落魄得久，攏是相遇得到的』，楚王不要太囂張，善有善報，惡有惡報。」

「我決定要對同學好一點，尋找盟友，免得畢業旅行沒有人要跟我睡。」

「如果不幸不夠機智，也不要打混過日，要繼續多讀書，增加自己的知識。」

「腦袋裡要有很多故事，才能隨時派上用場，結論是多閱讀。」

「以後我被老闆霸凌時，希望我也可以敗部復活，逆轉勝。」

「我要改掉暴跳如雷的壞脾氣，要像晏子這樣冷靜沉著，才能好好思考。」

「我明白被人羞辱後，不必用髒字、吵架、打架等，要用智慧。」

「我知道，我們為什麼需要讀兩千多年前的文章了。」

　　親愛的孩子，晏子的靈敏機智，隨機應變的力量，語言表達的威力，都是我們要學習的地方，這是課本告訴我們的。雖然課文都有固定的宗旨要告訴我們，要懂得說話的藝術。但是，一篇文章讀來，不同的觀點引發不同的想法，每篇課文應該都會有許多彈性的解讀空間，不是只有一種詮釋的角度，不然如何啟發多元思考。

　　不過，能否拿回「話語權」，主導場子，還是要取決於自己的能力，也就是你在任何事情上的努力與態度，多讀書充實自己，不斷提高實力和知識量。我們無法改變發到手中的牌，但是，我們可以想辦法改變牌的打法。

生活中，小至班級裡的大小事，
大至世界上正在發生的事，
都是我們每個人生存能力的大考驗。
教會孩子主動學習、會表達愛、
對生活周遭大小事有感，
培養他們迎戰終身學習時代的重要能力。

生存力：

第四章

迎戰終身學習的時代

值日生：

16

主動學習不怨念，
學習效果更加倍

　　年度最後一天，上完課，跨年連假登場。連假前上課，看得出大家魂不守舍，心情有點阿雜。從校長室出來後，我因影印在會議室忙著，影印機不斷卡紙，按照故障指示鍵，將紙匣打開檢查，一張皺巴巴的紙，一邊抽紙，腦海不斷浮現：一個來不及準時回教室的老師，班級在無舵手領航之下，該是如何的樣貌？

▽ 學生表現異常，老師卻肅然起敬

　　不敢想像班級吵翻天、屋頂被掀開，噪音污染禍延他班的窘境……順利抽出卡紙，快速印完，奔回二樓。這短暫沒有老師的「空白時間」，似乎就是驗收自己開學至今，接手新班級四個月以來耕耘的考驗。

　　爬上樓梯，快速通過五間教室的途中，腦海不斷猜想班級可能出現的狀況。那幾位激動戰士，八成又和同學因為芝麻小事而惡言相向，加上旁邊看熱鬧起鬨的民眾，現在的班上，應該就是吵死人的狀態。

　　隨著距離拉近，五公尺外的我，彷彿聽到些雜亂的聲音，驚覺不妙。但是，細聽，怎麼好像頗有旋律的調性？不像是吵鬧聲？

　　「這群孩子到底在教室做什麼？」我心想。

搜尋舊經驗，心裡不斷臆測，是班長在喊組別收資料嗎？加快腳步，三步併兩步。來到自己班級外，前門，竟然緊閉著！關門，是什麼意思？搗蛋還怕吵到別班嗎？被阻絕於門外的我，耳朵悄悄湊進門邊，聽到裡面傳出「琅琅讀書聲」。

啊？怎會有琅琅讀書聲？抬頭看了頭上的班級牌，確認是我自己的班級。哪來的讀書聲？該不會是⋯⋯實在是吵得難分難解，哪位善心教師經過，忍無可忍、不請自來，入內帶領孩子朗讀起課文？

雖然，這實在太詭異，但是，一時之間，很難連結到其他答案，只好勉為其難找理由。將門偷偷推開的那一剎那，我感覺自己的心臟，開始高頻率的跳了起來，答案就要揭曉。

開門後，環顧四周，教室內只有學生，沒有其他老師的存在！孩子們見我進來，先是看了我一會兒。接著，低下頭，不急不徐的繼續朗讀著手上未念完的課文。

看見這一幕，我的心，像從是十萬英里的高空躍下，在急速落地前，被老天的大手，穩穩的托住，安放到平地。我忍不住拿出手機，開啟錄影，記錄它、保存它，就是要將這段學習歷程所蘊含的意義磨亮拋光。

「誰要你們念課文？」我驚問。

「是我。」平常最調皮的男孩舉手回答，我簡直不敢相信我的耳朵。

「為何？」我從未要求孩子在空檔念課文。

「上課了，老師還沒進來。老師一定不希望我們吵鬧，所以我就說不如念課文，大家就說好。」男孩笑盈盈的說。

我腦海閃過男孩曾惡作劇，刷一聲瞬間，脫了同學的外褲。對方被脫了褲子，二話不說立刻反擊，兩人邊笑邊尖叫，抓著對方褲頭纏結在地板上。

「你們為什麼這麼配合？」我問全班。

「因為老師一定不希望我們吵鬧，念課文就會安靜，又可以複習。所以，我們覺得這是好提議。」班長說。

「所以，你們就拿出課本來念？」全班對著我微笑，點頭如搗蒜。

「沒人聽完後說『念什麼念啦？老師不在，假仙喔？』」我追問。

「沒有耶！大家都很配合，選好這課，我們就開始念！」班長正經的回答。

　　我被這群孩子自動自發的態度，感動到無以復加。這一直是我最期待、最想看到、最美好的課堂樣貌，也是我和孩子共同努力的目標。他們自發、互助、共好，全班欣然接受建議，用喜悅的讀書聲，等待及迎接老師回來，這樣主動並樂於學習的態度，在我的教學計劃時程中，提早實現了！

　　哇喔！孩子們自律認真的態度，讓我覺得不可思議。同時，也令我肅然起敬，竟然會被自己的學生嚇到！錄完影片，美好的一刻，要永久珍藏於心。原本思緒縈繞、困惑不安的感覺，移步換形後又見新景象的「喜閱之情」，讓為師的我，在歲末最終一天，即將倒數跨入新的一年，真的覺得，前景「一片光明，充滿希望」。孩子們，感謝你們的虛心向學。

▽ 沒有怨念，因為想讓自己變得更好

　　在我的班上，寫作是班級的隨時進行式，天天都是寫作日，老師需要的是創造寫作環境，給孩子寫作任務，給自己回饋。哪怕每天只寫幾分鐘，只要足夠專注，堅持下去，你會發現孩子能寫出的文字篇幅越來越長，文筆越來越流暢。不用多久，他們就能克服對寫作的恐懼。成就感，就是堅持最好的動力。

　　心動、感動，就要馬上行動。情感正濃的當下，馬上動筆記錄。好好寫，寫好，未來，你就有可能被世界看到你的才華。因此，我要孩子們立刻動手，寫下自己的感想。

給孩子寫作引導方向，寫出自己感想

❶ 老師不在，為何不是聊天優先，為什麼這麼認真？

❷ 你是自願的嗎？為何接受同學建議？

❸ 你是真的享受其中嗎？這是什麼樣的心情？

1. 我們想打發時間，而且下午要考聽寫，順便複習。如果老師不在，我們又一直聊天，不就沒複習到了嗎？而且我們太吵，會讓在校長室的老師為我們擔心，

而且，是四號發起的，連他都要讀書了，大家能說不嗎？當然，我們就參與了朗讀的行列，全班都是懷著一顆喜悅的心情。（岡山國小　蔡欣庭）

2. 老師不在時，三號、四號、八號竟然問要不要來念課文？全班想一下，就一起朗讀。心想，怎麼辦沒人反對，奇怪！大家還越念越高興，還要再念一次呢！我終於體會到他們想認真學習的精神，我也要跟上進度！（岡山國小　林庭伃）

3. 下午要考試，而且，老師不在，要讓老師放心。老師曾說過學生要有「自主學習」的能力，所以和大家一起朗讀課文與圈詞。因為很無聊，我想要把書讀好，我想跟大家一起讀書，一起拿畢業證書，而不是肄業證書。（岡山國小　葉澤森）

4. 我們是很認真的，因為要考試，這樣也可以打發時間。另外，我們沒有「怨念」，因為我們想讓自己變得更好，因為老師說如果讀書帶有「怨念」，是不會變好的，所以，我們很快樂的學習。（岡山國小　黃冠維）

看到「怨念」，噗嗤一笑。這才知道，原來，孩子將我說過的事，記在心裡。每一次接新班，「大腦與學習」的關係，就是我要告訴孩子最重要的事。在大腦的實驗中，看到「主動學習」和「被動學習」，大腦神經連結的情況非常不同。大腦科學主張，人類的智慧在於神經連結的密度與速度，經由學習的過程，不斷連結神經迴路，織起一個豐富綿密的背景知識網。神經元間的連結越是密切，學習越有成效。

在主動學習下，因為動機強大，大腦的神經元會連結得很緊密；若是被動學習，大人叫一下，小孩動一下，有叫有動，沒叫不動，這種被動且充滿「怨念」不甘不願的學習，大腦神經元的連結就很稀疏。

洪蘭教授在「大腦與學習」演講中表示，一樣在倫敦開車 45 年的司機，計程車和公車司機在大腦掌管記憶（特別是空間記憶）的部分就有很大的差異。計程車司機在大腦空間記憶的海馬迴後端就遠大於公共汽車的司機。因為公車的路

線不能更動，所以思考被動。但是，計程車相反，計程車司機必須隨時因應客人的需求而改變路線，主動思考，也就是說，掌管空間記憶的神經連結增加，思路較為活躍。

我請孩子思考，每個人的「時間額度」都一樣，在學校的一天，如果是：認真學習，接觸新思維，大腦神經連結緊密，能觸類旁通，舉一反三，靈敏度提高。耍廢放空，拒絕新事物，大腦連結疏散，原本學會的，也因為太久沒用逐漸模糊。新知識沒進來，舊知識連同忘掉。有道是學如逆水行舟，不進則退。時間一樣過去，過去了不會再回復，孩子們希望是哪一種學習結果？

美國成功學之父吉米‧羅恩（Jill Rohn）說：「時間比金錢更有價值，你可以賺到更多錢，但不能得到更多時間。」我常對孩子說，這世界上最可怕的是，比你優秀的人比你還努力，你還不趕緊把握時間？通常學長姐到畢業典禮那天，會覺得「兩年」像「兩天」一樣秒速過完。除此之外，還有一個更可怕的感覺升起，就是：你會希望兩年前的今天，你已經有所行動！

孩子都知道要「認真學習」，明白了大腦與學習是一個正回饋的關係，主動學習會改變神經連結，教育才有事半功倍的效果，也不枉一天在學校八個小時。

老師每天與孩子在一起，常聊所見所聞，孩子聽了，便學到了，這種不著痕跡的內隱學習，是孩子習得生活知識最大的來源之一，我很高興孩子記住我的話，並且力行實踐。

17

孩子的「地下經濟」，
親師該怎麼看？

期末考後，孩子在走廊上把玩神祕卡片，吸引同學圍觀，我還不忘提醒，請不要帶「與教學無關」的東西到學校，以免引起糾紛。未料，馬上有老師來提供線報：「剛才在上樓梯時，聽到你們班的學生，說他今天『賺很多』，你可能要留意一下……。」

什麼？賺很多，不會吧，來學校賺錢？嘖嘖，這我得好好調查。

▽ 以為是「個案」，豈知抓到「線頭」

一問才發現，流行小物如鬼滅之刃吊飾、角落生物小文具等，吸引孩子的目光。想要的孩子，因為無從取得，只好央求同學代為購買，「地下經濟活動」悄悄展開。

除此之外，已漸漸退出班級流行的寶可夢卡牌，也有死灰復燃的跡象。擁有「一堆卡」的小主人玩膩後不想要了，其他孩子得知後想要接手，但過去「投資」的卡，總不能平白無故拱手讓人，於是，孩子們之間開始出現「暗盤交易」。

儘管這些寶可夢卡牌、卡匣、或角落生物等這些流行小物、貼紙等，在大人眼裡毫無趣味，但孩子就是有一千個理由為它神魂顛倒，為它「鋌而走險」。

孩子從同學那買入多張寶可夢卡牌，沒多久「賞味期」一過，不好玩了，轉

手賣給其他同學，價錢還略為提高一些。

「為何賣給同學比較貴？」我問孩子。

「我多少也要賺一點啊！別人還不是賺我的錢！」孩子回答的理直氣壯。

沒想到小五的孩子已經這麼有生意頭腦，精明得很，每轉手一次，賺些蠅頭小利。不問還好，一問，發現「地下經濟」超熱絡，竟然還「跨班級」交易。

「你們私底下交易幾次了？」我好奇問。

「啊！嗯！欸……。」孩子抓耳撓腮，一時半刻也說不清楚。

原以為我發現的這個只是「個案」，豈知，抓到「線頭」，下面竟然「拎出一大串肉粽」。參與交易的孩子為數不少，我花了好幾節課，一個個交叉比對了解後，發現交易不但「跨班級」，買賣對象及次數還複雜到完全「記不清楚」。而我竟然不知道「地下經濟」如此熱絡！

「是誰提議買賣？怎麼買？怎麼賣？價錢由誰決定？雙方都能接受嗎？你們爸媽知道嗎？有沒有發生什麼買賣糾紛？交易滿意度如何……。」我心中瞬間冒出一大堆問號。

▽ 價錢由誰決定，都能接受嗎？

雖然孩子回答時略顯緊張，但我只是想知道真相到底是什麼，竟然如此吸引人？

孩子說多半以一張一元或五元的價錢交易寶可夢卡牌，因為都是麻吉，還「半買半相送」，只要同學購買，還會加送十幾張。看起來孩子們珍藏的卡量很大，一次交易還有逾 60 張的記錄。

價錢由賣的同學訂，買的人覺得一張一元「非常超值」，聽說市售的卡片很貴，尤其是極具「稀有度」的卡片，甚至金卡超夢還可以叫價千元以上。聽到一張小小薄薄的卡片竟然要價千元，真是瞠目結舌，無言以對。所以，當孩子出售一張「近百元」的寶可夢卡牌時，買方便毫不猶豫一口氣買了兩張。

「因為那些卡片可以讓我在戰鬥中獲得無窮的力量，也會讓我的勝算提高，因為媽媽不讓我買，好不容易遇到這麼稀有的卡片，我想收藏，我自己也有零用錢……。」眼淚在眼眶裡打轉的男孩說。

其實，孩子的動機很單純，想擁有的欲望很強烈，尤其「家人不可能買給

他」，絕望時，就自己想辦法。那麼，交易滿意度如何？有沒有後悔？

「這些卡片都過時了，我不想要，留著無用，順利賣出還有錢賺，當然非常高興。」賣卡的孩子說。

「求之不得，我早就想要，還撿到便宜，買到賺到啊！」買卡的孩子說。

雖然是小學生，但是，我發現買賣過程中，雙方不但心甘情願，還皆大歡喜，各自滿足自己的需求，交易滿意度極高。

▽ 曾產生交易糾紛，或不愉快嗎？

到目前為止，不論是買家還是賣家，在下課、放學或是安親班交易這麼多次，彼此相安無事，不但私下交易未發生任何事端，感情還融洽得很。更厲害的是，因為買賣從沒破局，所以，老師都沒發現。

檯面下的交易竟然如此「平靜無波」，還會「半買半相送」以提高成交率，才五年級就這麼會「搏感情，做生意」？

「買完後，你仍然覺得這筆錢花得很值得嗎？沒有半點後悔，或是糾紛嗎？」我忍不住追問。

「有一次，上一節課買完，下一節突然覺得想把錢存下來買其他玩具，所以，跑去要求退錢。」

什麼？買了竟然反悔？果然是衝動購物的孩子。

「我去跟他說，他就退錢給我，我卡還他，就這樣。」孩子心平氣和的說。

「你買了，又馬上退貨，（別班同學）沒有不高興嗎？」我問。

「沒有啊！就是回到『原來的樣子』，沒買沒賣，我們還是好朋友啊！」

哦，每天看到那位故友（賣家）來我們班逛逛，看起來，感情好像一樣濃烈，買賣不成仁義在！

另一位想要鬼滅之刃吊飾的孩子，因為沒有管道購買，於是請同學代購，老師問完後，雙方也是你情我願，而且賣方賣出的價錢，竟比市售行情低很多。

「為什麼你吊飾可以賣得比書局便宜？」我很好奇。

「因為吊飾是我用娃娃機夾到的，夾第一次就得手，我只花十元。因為技術不錯，之後又夾到好幾個，多出來的吊飾，就轉賣給同學。」孩子回答。

大人的世界買賣糾紛一大堆，這群孩子到目前為止，在沒有「消費者保護法」

的保障下，交易還不曾有半點差池，令我驚嘆啊！

▽ 爸媽不知道的地下經濟

每位孩子皆毫無隱瞞、一五一十的對我說出實情，很高興孩子對我的信任，也落實了我在班上強調「誠實就是最好的美德」，讓我了解這些「盤根錯節」的交易時，不用花費很大的功夫及時間。

「如果爸媽知道你在學校和同學交易，會有何感想？」問完，看見孩子的表情馬上轉為緊張焦慮。顯然，家長對此交易都不知情。

事實上，當我聽完所有交易的事，非但沒有生氣，甚至，感到無比驕傲。孩子們竟然可以把金錢的事處理得這麼好，不但達成共識，且行事低調謹慎，交易這麼長的時間，孩子沒出過任何紕漏，就算退貨，也沒人情緒不滿。要不是有人上樓梯時，不小心說溜嘴被別班老師聽到，地下經濟也不會曝光。

▽ 孩子為流行小物癡狂，大人該如何看待？

其實，就算沒有寶可夢卡牌、鬼滅之刃吊飾、角落生物等小物，商人主導市場，腦筋動得很快，通常在消費者還不知道自己要什麼之前，新產品就出現了。現在癡迷的小物，沒多久就會退場，例如之前大家為之瘋狂的指尖陀螺、軟軟。

孩子們對這些流行小物的癡狂，通常僅止於「不在乎天長地久，只在乎曾經擁有」，等下一波流行物風起雲湧時，這些就被淡忘。

看起來，孩子的社會行為其實與大人的世界無異，iPhone 新手機正夯時、寶可夢出現時，大人還不是一窩蜂「搶攻」，甚至沉迷，為了抓寶瘋狂追逐，出現不理智行為。

或許，大人認為這些小物會干擾學習，但孩子得不到時，便會自己找出路，家長需要找出孩子與這些流行小物「共存」的方式，尤其「大家都有，我沒有」的那種欲望，在壓制中更被強化，孩子的內心在「想要」與「不能要」之間充滿痛苦與矛盾，只是一再損傷他的自覺與自信。

理財專家朗恩‧利柏（Ron Lieber）說：「就當成某種瘋狂的科學實驗。觀

察孩子在擁有錢後，到底會被哪些東西打動，然後再花錢去買，是一件非常有趣的事。他們通常會買隨機看到的垃圾，但這就是練習的一部分。畢竟，只有讓他們拿著鈔票，親自面對現實中的抉擇，不然要怎麼教他們控制自己的衝動？」

大部分的孩子都有零用錢，家長可以試著放寬對零用錢的規定。如果孩子把錢搞丟，或者買貴了、吃虧了、對方父母反對交易要求取消等，也算是學到一個教訓。零用錢可以讓孩子學習消費與儲蓄，這是一種在成長過程中，無法用其他方式練習的技能。

對孩子來說，現階段就算是「亂花錢」或「後悔消費」，也是一段「風險較低」的時期，即使錯誤，也不會造成太大的問題。

▽ 有限度的縱容反而是疏導

孩子身上本來就有一種自我完善的天性，如果他的「自我控制」可以滿足自我，對自己的意志沒有損害，他就會在面對困境調適中，更健康的發展自己的天性與需求，並在體內強化「自我控制」的力量，反而能幫助孩子更適應一些事情。

只要父母與孩子好好討論，「縱容」有時也是「疏導」，疏通勸導也是控制的一種，一種不讓孩子難受的控制。有時候，大人管制越多，孩子越難學得自我管理。孩子若能發展出「自我控制」的力量，這就是懂事、自我覺察的來源。

所以，面對孩子們「盤根錯節、分毫無差」的交易，不是該值得慶幸嗎？

18

藉由這篇文章，
我想對媽媽說真心話

　　教師晨會上，教學組長報告，每班要交一篇文章參加「弘揚孝道作文比賽」，每次聽到「弘揚孝道」，同事之間就默契十足的相視而笑，這年代要找尋孝順的孩子，比大海撈針還難。

▽ 到底是誰在「弘揚孝道」？

　　孝經說：「身體髮膚，受之父母，不敢毀傷。」指的是身體髮膚都是父母給的，應當謹慎愛護，不敢有所毀損。這年代，孩子下課出去玩，摔倒撞斷牙齒、打球K到眼睛、走廊相撞腦震盪、跳樓梯腳掌骨裂開，人滿為患的地方不是操場，是保健室。

　　孝經又說：「立身行道，揚名於後世，以顯父母。」指的是建立做人處事的原則，實行正道，讓好名聲顯揚於後世，使父母獲得榮耀。現在是，上學睡過頭遲到，下課打人罵髒話，上課偷偷滑手機，作業沒寫地沒掃，每一項「偉大的功績」皆名揚四海，各處室都喊得出名字，爸媽常來學務處探親。

　　以前的孝道是侍奉雙親，做家事分擔父母辛勞，培養社會良好風氣。古人說「父母在，不遠遊」，現在是「北漂」、「陸漂」、「歐美漂」，父母恨不得孩子有機會全世界到處亂漂。

現在的孝道是家長幫孩子揹書包、提餐袋水壺，進教室幫孩子整理亂七八糟的抽屜，帶回發臭的垃圾。時不時營養午餐改吃麥當勞、肯德基，上班又抽空送來冰鎮紅茶、運動飲料、炸雞排進補。到底是誰在「弘揚孝道」？

不過，該寫的作文還是要交，全班一整疊收回來。看了一下時鐘，無情的指針已經走到四點四十分。喔！要加班改作文嗎？腦海一閃，明早又是一座山的作業，一堆事要聯繫，還是留下來改作文吧！

「媽媽每天早出晚歸，從不曾抱怨……。」小孩抱怨午餐難吃，抱怨手機被爸爸沒收，媽媽光聽小孩抱怨，哪有時間抱怨自己的事？

「明天起，我會天天幫媽媽做家事，讓媽媽開心……。」六下都快畢業了才想到做家事？真是不孝子！

「孝順父母，要以實際行動表達愛……。」看來看去，都是父母以實際行動表達愛。

「孝順父母，要以實際行動表達愛……。」咦？怎麼跟上篇作文一樣。嘖！茫茫網海，抄網路範本，竟然還會抄到同一篇，拜託下次可以先做點功課嗎？

咳！沒半篇佳作，枉費我還加班批改，下次不參加作文比賽了，平常一堆事忙不完，真是想不開，幹嘛沒事挖坑給自己的人生？

▽ 為什麼我不知道這件事？

指針走到五點，不改了。快速將桌上凌亂的紙張一張張抓回，突然，看到一張密密麻麻寫滿整張的稿紙。喔哦！竟然有人寫這麼多，萬一明天沒時間看怎麼辦？不如改完這張再走好了！

「媽媽是我在這世界上最親也最愛的家人，現在能衣食無缺，過著地上天宮般的生活，都是媽媽含辛茹苦把我拉拔大的。」

哦，第一段就吸引我的眼球。「地上天宮」寫得這麼好，該不會也是抄來的？

「七歲時，一場突如其來的車禍，嚇得我不知所措，除了不斷哭泣，不知還能做什麼。這場車禍奪去爸爸寶貴的生命，父女一夕之間天人永隔。媽媽從越南嫁來，爸爸一直以來就是我們的天。失去爸爸後，媽媽惶恐無助，她在語言不通、沒有經濟能力的情況下要獨立承擔未來，還要扶養我。」

天啊！這是真的，還是假的？我後腦勺頭皮突然一片發麻，身體不自覺發抖，肌肉緊繃刺痛。思緒奔騰，記憶恐慌，學籍資料到底有沒有登載？為什麼我不知道這件事？

想起女孩平日在教室乖巧聰慧又嫻靜的模樣，我胸口像是被大石頭壓住一般，呼吸不太順暢，我呆愣了好幾秒。一直以來，我只知道女孩是單親家庭，媽媽是越南籍。沒想到她單親的原因，竟然不是我一廂情願認為的離婚，而是父親車禍離世。

同窗六年的同學，怎麼可能完全沒人知道這件事？孩子不是最守不住口風的嗎？這到底是真的，還是假的？我反覆回想，從沒聽過誰提過這事，包括女孩自己。該不會這篇也是抄來的？或東拼西湊寫出來的？為了參加作文比賽拿親人開玩笑，這不是小學生的風格啊！

我半信半疑的繼續看下去。

「每日看到媽媽恐懼不安，吃不好也睡不著，憂愁滿面。我很想幫媽媽，我想要幫媽媽分擔經濟壓力，讓她覺得沒有白生一個女兒。可是當時年紀太小，二年級的我什麼都不懂，以為要做什麼驚天動地的大事才算是幫媽媽減輕壓力。最好笑的是，為了賺錢，我跑去熟識的店家，向老闆娘應徵工作，希望老闆娘能讓我放學後在那幫忙，這樣子就可以幫忙分擔家計。但是，想也知道，我被拒絕了，小二學生，怎麼可能打工賺錢？」

瘦小身軀、白淨的小女孩，瞞著媽媽跑去應徵工作，看到這段文字，我再也無法按捺情緒，我的眼淚就像水庫洩洪般，洶湧而下。教學這麼多年，腦海記憶裡多的是嫌棄自己過得不好，嫌棄爸媽只帶自己去過日本，人家同學老早去過歐洲好幾回；要不就是一邊穿著好鞋，一邊嫌棄爸媽不給自己買名牌鞋，人家同學都腳踩打勾勾的籃球鞋。

我知道女孩一向溫順善良，現在這時代，還有這麼為媽媽著想的孩子，只能說無比稀缺。

「某天放學回家，進門一片黑，黑暗中，看見媽媽瑟縮在角落，淚如泉湧，泣不成聲，我嚇了一大跳，發生什麼事？媽媽哽咽說，老闆娘剛剛離開，老闆娘說了我去應徵的事。媽媽說完後，我們母女倆顧不得骯髒的地板，就這樣跪在地上抱頭痛哭起來。這時我才發現，這是我有史以來哭過最開心的一場淚。雖然，

我的人生只剩下媽媽了，但是，被媽媽緊緊擁入懷中，強烈感受到媽媽對我的疼愛與不捨，我想，這輩子我會永遠記住這悲痛又充滿溫暖、真實被愛的感覺。」

看到這，水庫增加閘門洩洪，眼看教室就要被我的眼淚淹沒。母女的愛，飽滿而堅實，在靈魂深處最艱難、最茫然的時刻，確認自己是被愛的。

「藉由這篇文章，我想對媽媽說真心話：媽媽，謝謝您在舉目無親這麼艱難的生活下沒有放棄過我，再苦您都把我帶在身邊。您辛苦工作維持這個家，讓我豐衣足食，有這麼好的生活環境，能當您的女兒我真是好福氣。請您放心，越南話我講得非常流利，我會認真讀書，朝向最美好的人生邁進，絕不會辜負您對我的期望。我也會永遠陪伴在您身邊，一起突破重重難關。媽媽，您是我最愛的人，我會守護您一輩子！」

面對艱難時無法及時伸出援手，令人深深遺憾。讀完文字，更是悲摧到令水庫壩體完全粉碎，洪水瘋狂下洩，摧毀桌椅，直奔黑板，潰壩不到幾秒鐘，洪水已到達天花板。這已不是教室，是一片汪洋。

▽ 愛能彌補脆弱的斷口

淚水止都止不住時，我邊哭邊想：「弘揚孝道作文比賽，這就是第一名，這就是第一名了！」

幾週後的某天，學校傳來捷報，女孩果然獲得了「高雄市首獎」。女孩後來說了，低年級的她，國語講得很不標準，常被同學嘲笑，後來，索性退回自己的內心並保持緘默，沒想到，這件事封存至今。

得獎後一個多月，女孩就從國小畢業，要是沒有「弘揚孝道作文比賽」，我永遠不知道實情，光這一點，讓我深深自責不已。雖然孩子畢業了，但是，師生之間有賴臉書簡訊的管道保持聯絡，我總是每隔一段時間就想起她，傳訊息關心她國中的生活情形及學習狀態。得知她在國中遇到很好的老師，真心為她高興，也感恩上天保佑。

女孩常常與我分享她的日記，看著成熟洗練的文筆，過去柔弱內向的她，內心越來越堅實強大。雖然她有時跟我說，讀書很苦悶，但是宣洩完情緒，又可以繼續拼搏。

某年某月的某天早上，開車上班途中，突然接到女孩媽媽的電話。孩子都畢

業兩年，媽媽打電話給國小老師，一定是發生什麼大事。我嚇得趕緊將車子停在路邊，為的是盡我最大全力聽懂媽媽的國語，經過我反覆確認，終於聽出媽媽說「女孩生病了」。

電話那端的我，緊張得不得了，急問女孩現在如何？

「發燒了，不能去上學，沒有精神。」媽媽說。

「有沒有去看醫生，醫生怎麼說？」

「沒有。」

「要不要老師帶她去看醫生？」我焦急的問。

「請假……。」媽媽模糊的國語，我聽出「請假」兩字。媽媽該不會是沒有國中導師的電話或是 LINE ？

「媽媽是要老師幫忙跟國中請假是不是？」我提出疑問。

「要跟『你』請假一天。」媽媽強調的說。

「媽媽的意思是，孩子今天生病，要在家休息，媽媽要跟『我』請病假，對嗎？」我語速降慢，再三核對。

「對。」媽媽說。

來回對話十幾分鐘，嚇出我滿身大汗，原來，媽媽只是要跟「我」請病假。

但是，女孩已經八年級（國二），我是她國小高年級導師。

此刻，我突然明白，自己在家長心中的地位之深。雖然孩子已經畢業兩年，家長卻不曾忘記過我。

記得六年級時，漢聲電臺來班級採訪時，記者問女孩上完老師的職人分享課程，有沒有想過自己以後想做什麼？

「我會講流利的越南語，在老師的教導下，我國語的聽說讀寫能力越來越好，希望以後當可以當口譯員，幫助越南籍的朋友。」

女孩現在除了英語，更攻讀艱難的德語，她離口譯員的目標，越來越接近了。

每個人的世界，看似堅強之下其實都有很多脆弱的斷口，面對自己與家人，找回這種愛的感覺，這種血濃於水的感情，堅如磐石，武器不能摧。我相信，年幼時陪媽媽咬緊牙關承受苦日子的女孩，長大後也必定會是陪媽媽苦盡甘來享受好日子的孩子。

經歷了很多酸楚，就是為了把愛看清楚。

19

全球教育史上
最特別的一屆

　　2020 年初，因為「新冠肺炎」疫情紛亂擾攘，教育史上第一次寒假延後兩週開學。2 月 25 日重新上課，如臨大敵、人心惶惶，只要一人確診就停課。瘋搶口罩、酒精等防疫物資，新聞每幾分鐘更新一次，LINE 上叮咚訊息瞬息萬變。寒假這個月，感覺過得特別漫長又無力。

▽ 病毒風暴，教育產生前所未有的挑戰

　　開學前，老師要積極調查學生出國史，盯緊「中港澳」返臺者。寒假班上孩子出國者不少，隨著疫情延燒，開學後，親師生都面臨防疫壓力。

　　21 世紀人類全球活動，在規模、空間、距離、移動頻率、速度，以及伴隨而來頻繁的人際往來與大型群聚活動，讓這場百年一遇的全球流行病，在很短的時間內快速傳播與擴散，傳播速度是空前的，短短四個月內就席捲全球，造成生活窒息的打擊，釀成經濟致命的衝擊。

　　原本人潮洶湧的機場，頃刻之間門可羅雀，原本銜接得天衣無縫的全球供應鏈，處處斷鏈，經濟休克。全世界不得不遵守不同程度的禁足或隔離措施，對人員的流動執行嚴格管制。

　　在資訊流通極為快速的網路傳播時代，我們看到「庚子年大疫」對生命健康

的急遽摧殘，我們被這些駭人聽聞的消息與畫面所籠罩，無所遁逃。我們難以忍受醫院屍體成堆的畫面，也難以忍受來不及火化的悲劇，更難以忍受居然有一天，醫生不得不做出，哪些病患可以優先使用呼吸器這樣的生死判決，拔掉 65 歲老人的呼吸器，給更年輕、存活率更高的感染者使用。

全世界也正在目睹美國成為新冠肺炎疫情最嚴重的國家，沒有專家敢斷言，全球何時可以擺脫病毒的肆虐。無論用哪一種歷史尺度來衡量，新冠肺炎帶給社會的人心動盪、選擇難題、心理壓力、經濟損失等都是空前最嚴酷的。這場席捲全世界的病毒風暴，也對教育產生前所未有的挑戰。

戴著皇冠的病毒到處肆虐，升旗取消、班親會取消、游泳課取消、戶外教學取消、圖書館閱讀取消、畢業旅行取消、畢業典禮取消、家長不能進入校園、午飯後不能像過去一樣暢所欲言，連「清喉嚨」或「小聲咳嗽」都會引來異樣眼光，放學後校園禁止對外開放，很多活動都因為疫情取消或延後。

進校門前，每個人都被額溫槍「嗶嗶嗶」瞄準好幾遍，人多的地方容易爆發傳染，風聲鶴唳，草木皆兵，似乎每個人都是強大傳染源。

每天都有固定的生活儀式：進校園戴口罩，排排站量體溫，進教室要洗手，保持社交距離。出發至科任教室前，口罩戴好戴滿；回教室前，再次大洗手，「內外夾攻大力腕」像咒語般每日誦讀上百次。

每天早上，孩子用稀釋後漂白水來回拖地兩次，第二大節下課全班大消毒；放學後，老師加班，再消毒一次。

不斷提醒及引導孩子一起思考「集體公安責任」，教會學生認識新冠肺炎，防範如何傳染，留意發病症狀，如何保護自己，如何動手消毒。團體生活中，每個人都同時負擔了和其他人共同生活的公共義務。

以前教室外的學習角，擺放的是盆栽、魚缸、水生植物；現在，擺放的是抹布、手套、晒衣夾、消毒用具。以前肥皂只是裝飾品，開學不過三天，洗手臺上的五個新肥皂，已經用扁兩個。

為了守住疫情，師生每天上演「防疫大作戰」，學習之外，就是消毒又消毒，洗手又洗手，晒抹布，收抹布。

因為新冠肺炎疫情瞬息萬變，分分秒秒爆出新訊息，心情就像心電圖一樣忽高忽低。2020 年這學期的生活過得很非常不一樣，全球面臨前所未有的挑戰，

全世界僅剩臺灣及瑞典等極少數國家維持到學校上課，既然如此，更要把握學習機會，深刻體驗生命，熱愛生活。

▽ 用寫作，記錄全球教育史上最特別的一屆

每日迎來新事件，馬上動筆寫作，所以，六下這一學期，孩子們寫作爆天量。也藉由此篇，節錄部分文字，記錄全球教育史上最特別的一屆。

2020 年 2 月 25 日開學日：現在和過去生活有什麼不同的轉變？

藍瑜珊：「回家第一件事是先洗手，然後喝一杯青草茶，阿公說青草茶可以降低新冠肺炎的機會。」

「喝青草茶有效？」我問。

「當然無效。」

「那你為什麼喝？」我問。

「喝給阿公高興的。」。

李秉澤：「出去外面吃飯的次數變少了，在家裡烹煮的次數變多了，爸媽的手藝變好了，飯就變好吃了。」

兩個月後我再問：「爸媽的手藝應該更厲害了，對吧？」

「並沒有。」

「為何？」

「 因為兩個月都吃一樣的，吃膩了！」

葉澤森：「自從得知新冠肺炎之後，我們家本來是看電視劇或電影，現在改為天天看新聞。」

李元富：「這波疫情不只影響到學校，連我們在家注意的東西也不一樣。以前是看到蟑螂在地上會怕，現在是看到口罩在地上會怕（有病毒）。」。

李侑軒：「每個禮拜都要打掃，但是媽媽都非常不情願，因此都要我做很多事。」

肺炎期間，每家的清潔打掃都爆量，為了防疫大家辛苦了。

2020 年 3 月初：228 連假很多人遊歐洲，3 月返臺確診，你有何想法？

藍瑜珊：「有些人就是不見棺材不掉淚，硬要在非常時期去玩，重點是還染病回來，我個人覺得這是『豬隊友』的表現。俗話說『不怕神對手，只怕豬隊友』。」

王辰妍：「我認為義大利會這麼嚴重，可能是那裡有很多觀光景點，像羅馬競技場、比薩斜塔等，加上它本身是時尚之都，以及歐洲人沒有戴口罩的習慣，而導致疫情蔓延。因為機票便宜而出國去玩，最後帶回來的不是伴手禮，而是病毒！」

孩子們抱怨說，我們小學生每天防疫工作做得那麼認真，都被大人害慘了！

2020 年 3 月初：疫情間你最擔心、最期待的是什麼？

李元富：「我最期待能找到解藥，這樣就可以救臺灣。」

葉澤森：「我很擔心萬一有一天不能出門，我家沒食物吃，我們就會餓死；我也擔心萬一只剩我家有食物，別人就會來我家搶劫。」

李秉澤：「我最擔心的是停課，因為還要線上教學很麻煩。相反的，我最期待的是畢業旅行沒有被取消，這樣才能快樂畢業。」

本來畢旅延到五月，結果，還是敵不過疫情，讓學生錯失從小一期待到小六的畢業旅行，全班哭死。

2020 年 3 月 16 日：誰要優先被拔掉呼吸器？你同意嗎？你怎麼想？

許歆悅：「看了醫生拔掉感染者的呼吸器這篇文章之後，我覺得西班牙醫生很殘忍。不過如果是我，我也會這麼做，因為年輕人是國家的棟梁，還要為國家打拼，而老年人能活的時間不多了。但是，如果我親手拔掉呼吸器，我也會覺得自己很殘忍，畢竟是用自己的雙手結束別人的生命。」

李元富：「看到這種情況並不意外，因為一個國家不可能有十幾萬間負壓病房，只好讓 65 歲以上的病人犧牲。看了真難過，西班牙，加油啊！」

葉澤生：「我不贊同拔掉病患的呼吸器，因為有人還想活下去，而且，拔掉

呼吸器的醫生心理應該會產生陰影，等這波疫情結束後，精神科的醫生會很忙。」

2020 年 3 月 18 日：全臺病例數累計達 100 例，臺灣是不是要進入停課階段了？

這一天中午，我從岡山國小出發到旗山國小演講，出校門前，先滑一下疫情相關訊息。到了旗山國小，收到「史上首次臺灣封國」的消息，驚得我魂飛魄散，前後不到一小時，疫情發生重大變化。

演講到三點半，臺下老師突然如坐針氈，雖然戴著口罩，還是看得出臉色大變，嚇得面如土色。

原本全臺確診 77 例，今日一次新增 23 例確診，全臺病例數累計達 100 例。

破百例，我們還在上課，臺灣是不是要進入停課階段了？連講師也魂不守舍，心神恍惚。

2020 年 4 月 19 日：高雄磐石軍艦大破口，國軍下船趴趴走，你怎麼看？

許歆悅：「雖然我會擔心疫情的擴散，不過，我對臺灣疫情的控制是樂觀的，因為我們確診的人數，並沒有像其他國家一樣，一次就增加幾百例、幾千例，所以不用太擔心。但是上班、上課時一定要戴口罩，保護自己，也保護他人。」

四月初，清明連假結束後疫調一次，班上三位孩子收到細胞簡訊；四月中，磐石艦隊事件又疫調一次，左營離我們很近，高雄突然又變危險，四位孩子收到細胞簡訊，媽媽哀訴，連去好市多買牛奶都中獎。這個月，簡直活得很緊繃，一直疫調，一刻不能鬆懈。

2020 年 5 月初：畢業旅行及畢業典禮取消，你怎麼看？

蔡欣庭：「我最期待的畢業旅行被取消，連畢業典禮也沒了，我們這些畢業生沒了畢業典禮，可能只能默默的離開這間陪伴我六年的國小，應該也沒有其他學年來歡送我們了，所有活動都被取消，很可惜，也很不甘心。」

　　全班都非常難過，為師的我也只能安慰說，還好我們還有哭的能力。別忘了，別人可是在搶呼吸器！

身為全球教育史上最特別的一屆，你怎麼看？

　　李元富：「我們這屆畢業生很特別，因為以後別人問我國小哪一屆畢業的，我就可以大聲說『新冠肺炎那一屆』畢業的，感覺就很帥！我還會跟後代子孫炫耀，你阿公在 2020 年沒有被新型冠狀病毒肺炎擊敗，知道阿公的厲害了吧！」

　　男生和女生的想法截然不同，小男生就是豪情仍在癡癡笑笑，滄海一聲笑，笑傲江湖。防疫期間，保持社交距離，街道上冷冷清清，每個人都在滑手機，瘋傳假消息，誤信網路謠言，搶購衛生紙，囤積泡麵，買口罩要排隊 40 分鐘以上。

　　教育部為防治「嚴重特殊傳染性肺炎」疫情在校園擴散，以維護學生及教職員校園安全健康，依「嚴重特殊傳染性肺炎，中央流行疫情指揮中心」建議，訂定停課標準，停課期程為 14 天：

　　一班有一位師生被列為確定病例，該班停課。

　　一校有二位以上師生被列為確定病例，該校停課。

　　一鄉鎮市區有三分之一學校全校停課，該鄉鎮市區停課。

　　為了維護「嚴重特殊傳染性肺炎」疫情期間停課的學生就學權益，若遇大停課，期間無法上學，除了之後進行「實體補課」，首次在家「線上學習」，變成當時最難的挑戰，光這個線上課程，無法全面克服電腦及網路軟硬體問題，教育圈簡直忙得人仰馬翻。

　　當時學校不斷模擬及訓練教師實施線上課程，及居家學習所需資訊與流程，教師們要在非常短的時間內，熟悉線上學習平臺，及教學工具的使用，以利停課後線上課程可以順利進行。

　　此外，加強親師生宣導，以利實施線上課程教學與學習，又是一大挑戰。

　　孩子紛紛唉叫：「老師，我家沒電腦，我也沒有個人手機，我該怎麼辦？」

　　另一位唉叫：「萬一我不會使用線上課程，爸媽也不會，好害怕啊！」

　　因為疫情關係，學校教師晨會取消，以前固定週二教師晨會，有機會與其他學年交流，因為一切取消，疫情間，只看過隔壁班老師，其餘他棟的老師，整整

半年不曾見過。一個戴皇冠的病毒，瞬間引爆世界大戰。

生命，僅此一次，或長或短。
生活，聚散無常，或悲或歡。
人生，翻山越嶺，或起或伏。

多看一眼，說不定就是最後一眼。
多說一句，說不定就是最後一句。

人生就像一張有去無回的單程車票，沒有彩排，每一場都是現場直播。
因為這場世界疫情，重新思考人生意義。
把握好每次演出的機會，不管明天和意外哪個先來，人生都不會有遺憾。

令我最印象深刻的旅遊

岡山國小　李元富

　　古人說「行萬里路，勝讀萬卷書」，這句話是說，一直讀書，閉門造車，倒不如遊歷天下，到戶外去好好體驗一下，更能使身心靈獲得良好的發展。

　　對於喜愛旅遊的我，旅遊的經驗不勝枚舉，甚至也多次實踐晉如老師的「壯遊闖天下」課程，利用暑假自己「挑戰壯遊大高雄」。在這麼多次的旅遊經驗中，令我印象最深刻的就是 2020 年初和媽媽去中國大陸過新年。

　　飛機從高雄小港機場出發，準備飛往中國大陸，沿途風景從都市的高樓林立，逐漸轉變成一望無際的田野，大地一片生氣盎然，從飛機上往下看，臺灣真是美麗的寶島啊！

　　每一年，媽媽都會回大陸過年，原本以為會像過去一樣好玩，沒想到這次竟然遇到了「世界級」的大災難「新型冠狀病毒肺炎COVID-19」（嚴重特殊傳染性肺炎）。

　　飛機到達中國時，機場內的人，全部都戴著口罩，所有人都不敢交談，我嚇傻了，我從未見過這樣的景象，這和以前熱鬧過新年的印象完全不同。去外婆家的路上，沿路冷冷清清，死氣沉沉，我這才知道中國武漢市爆發的「新型冠狀病毒肺炎」在大陸已經非常嚴重。街頭巷尾掛滿橫幅標語「今天一口野味，明天地府相見」、「今天到處串門，明天肺炎上門」、「串門子就是互相殘殺，聚會就是自尋短見」、「帶病回鄉不肖兒郎，傳染爹娘喪盡天良」、「春節聚會一時爽，隔天醫院床上躺」、「戴口罩總比戴呼叫器好」……看到這些恐怖的標語，真是嚇死我了！

　　當我們到達外婆家時，所有的人都待在家中，路上只有小貓兩三隻。突然我看到頭頂上有「無人機」盤旋，我好奇的看著它。接著「無人機」衝下來，對著我發出大陸人的腔調大喊：「你們這些人找死啊！這種非常時期，出門不戴口罩，你們是活得不耐煩了嗎？」我驚恐萬分盯著無人機看，無人機又拉高音量尖銳大喊：「看什麼看？就是在說你！」聽到這麼激烈的廣播，我嚇得屁滾尿流，躲回屋內。我後來才知道，中國政府為了防止疫情擴散，所以出動無人機來監督民眾戴口罩、不可出門閒逛。

　　這次過年都待在外婆家足不出戶，從大陸要回臺灣時，媽媽和外婆都很擔心，因為肺炎正急速爆發。外婆覺得我們沒戴口罩搭飛機實在是太危險了，所以特別贈送我們救命物「一盒口罩」，讓我們做好防護，平安回到臺灣。

　　這次的旅遊，讓我體驗到大陸與臺灣不同的風俗民情，湖北省武漢市在我們回來後，還因為疫情實在太嚴重而「封城」。如果沒有這次「肺炎之旅」，我可能永遠無法意識到疫情有多嚴重。現在回想起來，能平安回來真是非常幸運。真慶幸我是生長在溫暖美麗的寶島，有那些在第一線作戰的指揮官員及醫護人員，不眠不休無私的奉獻與犧牲，就是為了保護我們的生命安全，真是萬分感謝他們的努力。

20

衛生紙不是我的，
他們都丟給我……

今天學校發柚子，孩子連看都不看一眼。想也知道，沒有「武器」，光靠手指蠻力，是很難征服柚子的。我順勢發下廚房給的塑膠刀，大家看見刀，眼睛亮起來，興致勃發開始研究如何下刀。就算不想吃柚子，看到「武器」也犯手癢。

▽ 衛生紙不是我的，他們都丟給我……

好不容易把厚厚的一層皮切除，得意得很，準備大快朵頤一番，卻聽到孩子慘叫：「喔喔喔喔，老師，柚子是苦的？」我心想，柚子怎麼可能是苦的？應該是人生比較苦吧！

沒幾秒，又有一組唉叫柚子很苦。難道，柚子有問題？抬頭看到實習生正在吃柚子，看她吃得津津有味，我問：「柚子苦嗎？」實習生回答：「很甜啊！小朋友應該是吃到柚子皮吧！」我起身看看，發現每個人的小柚子，都被切成了「藝術品」。有的是寫實派，切得工整精確；有的是印象派，隨心情點到為止；有的是野獸派，嘖嘖，這就不用解釋了，皮肉爆漿。

孩子想切柚子的動機比較大（平常都亂切橡皮擦），切完後，尤其是野獸派柚子，大概不知從何吃起，這種吃法麻煩的水果，想必平日都是長輩處理好才會端上桌。遇到「野獸派柚子」不會吃，該怎麼辦？

　　吃，是人類的本能，自己吃得苦味，看別人吃得美味，應該可以推測自己「吃錯了」。同樣都是柚子，吃柚子的表情「怎麼會天差地遠」？我讓孩子們自己發現問題並解決問題，後來安靜下來，沒人唉叫苦了，似乎是發現正確吃法，接著，柚子榨出桌面一堆汁。

　　午睡前，男孩拿著一張衛生紙，樣貌委屈，略帶哭聲說：「這一張衛生紙不是我的，他們一直說是我的，推過來我這，可是，我剛剛擦完桌子及柚子汁的衛生紙，已經全部拿去丟掉了，丟完回來，桌上多出這一張……。」

　　男孩滿腹委屈，原來被人背棄了。

沒有人承認，老師該如何處理？

　　當衛生紙不知道是誰的時，想當然耳是坐在座位上的人，吹去不在座位上的人。大人的世界不也這樣，你沒來開會，見面三分情，爛缺不好意思推給有來的人，就推給沒來開會的人。衛生紙或垃圾，推給別人，踢去旁邊，或自然風飛去別人那，在教學現場裡，天天發生。總之，別人去丟，總比自己丟來得好。

　　那這事，該怎麼解決呢？我請這組剛才有使用衛生紙的人過來，四個男生來了。果然，大家態度堅定的說：「衛生紙是別人的。」

　　「可是，衛生紙又沒寫名字，你如何證明不是你的？會不會自己的衛生紙不小心飄走了，自己不知道？又或者，以為自己連同柚子一把抓去丟，結果沒抓到衛生紙？又或者，明明知道就是自己的衛生紙，只要不承認，反正也沒人知道？他們四個人的桌子黏在一起，飄到旁邊，也很正常啊！你們覺得呢？」我溫和的問。

　　原本態度堅定的四個人，突然，眼神飄移，開始眨眼，揚起眉毛，目光呆滯，心神不寧，左顧右盼。

　　「你們覺得該怎麼辦？」我輕輕的問。
　　「…………」四人說不出話。
　　「衛生紙總要解決，你們怎麼想呢？」我又輕輕的問。
　　「…………」四人面面相覷，無語。
　　全班同學好奇看戲，因為剛開學，大家都不熟，孩子也很好奇接下來如何轉

場？

「既然都有用衛生紙，你們四人，願意一起解決嗎？」我一問完，四人馬上說好。

「這樣好了，你們四個人，每人各出一隻手？」聽完我說的，雖然四人一頭霧水，但很迅速的給出手。

「衛生紙有四個角，每人出一隻手，捏住一個角，四個人一起護送衛生紙進垃圾桶，好嗎？」我溫柔微笑的對四人說。

聽我講完這句話，全班及實習生都笑噴。

四個小男生笑完後，每人捏一小角，衛生紙易破，四人得小心翼翼，因為他們體型壯碩，四人並行易碰撞，還要保持好社交距離，同心協力，步伐一致，才能四人八腳順利往垃圾桶前進。看著四人不協調，卻又努力的移動，感覺他們在進行運動會的趣味競賽。四人謹慎護駕衛生紙，全班都在狂偷笑。

班級經營很困難嗎？如何不用生氣，也不用罵人，幽默解決，不但沒人不開心，反而衛生紙得到至高無上的寵愛，這就是我的方法。

四人成功丟完衛生紙，嘻嘻哈哈笑回來，又是好漢一條。

▽ 解決任何事情，符合比例原則為優先

這種「衛生紙飄走就不知道是誰的」，在國小現場其實是層出不窮，高年級有，低、中年級就更別說了。

如何解決，端看老師對班級孩子的認識。如果老師認為學生是「故意」惡作劇，當然還是有辦法找出藏鏡人，但要花時間解決。如果老師認為學生是「無意」，那就幽默化解尷尬，不傷和氣，不花時間。

我認為自己班上是哪一種呢？因為五上才剛開學幾週，親師生都還不熟悉，在我詢問的過程中，整組孩子看起來皆有誠意解決問題，看不出誰想惡整他人，所以，我選擇幽默化解。

四個人一起丟衛生紙，提醒孩子推諉卸責、亂丟垃圾，非但不會增加彼此情感，可能還會因為一張衛生紙撕裂友情。所以，當孩子聽懂了，就願意合作一起承擔責任。

　　其實，孩子是天底下最善良的人，小男生又是最愛接受挑戰的可愛小生物，雖然前面小小不開心，但是，一聽到四人八腳，又樂不可支。

　　如果在教學現場中，認為不管是有意無意，亂丟衛生紙，非同小可，一定得要揪出幕後藏鏡人，來個下馬威，讓孩子知道以後不誠實的下場，甚至請整組人把衛生紙全部拿來，研究比對花紋、顏色、品牌、大小，堅持揪出真正的「壞人」。

　　但是我們來試想一下，這樣的班級經營，會怎麼樣？

嚴格徹查，絕不寬待

　　鐵面無私，嚴格辦案，把全組人員找來詳細問明白，到底誰何時拿出衛生紙，誰何時拿去丟？又是誰偷偷把衛生紙吹走？順便把旁邊兩組也叫來問問，看看有無目擊證人。

　　老師再從大家的「口供」中抽絲剝繭，等掌握有力線索，順藤摸瓜，再加上自由心證，相信離破案就不遠了。

　　但是，如此這般，為了「一張衛生紙」，勞師動眾，課也不用上了，下課也不用休息了，午休也不用睡了，整組感情或是這三組情感，說不定也因為互相猜忌、亂安罪名給澈底毀掉了。

自首無罪，抓到雙倍

　　有人自首事情就好辦，但是，自古以來，每個犯人都會說「自己是冤枉的」。

坦白從寬，抗拒從嚴

　　不承認，沒關係，那就「嚴管勤教」，全部扭送學務處生教組處理。就算找不到兇手，去一趟學務處，看誰下次還敢放肆亂丟衛生紙？

　　不過，如此這般，因為「一張衛生紙」，老師可能會被家長撥打 1999 專線投訴，或是「被上報」。新聞畫面會以斗大又聳人聽聞的標題寫著，「區區一張衛生紙，老師小題大作，ＥＱ太差，傷害學生，人神共憤」。

網路新聞下方，可能還會湧入大量酸民的留言：「老師，你是把一張衛生紙，當成一千萬在辦案嗎？」，「老師，你這麼會辦案？怎麼不去當恐龍法官？」（以下自行列舉十項。）

解決任何事情都要符合比例原則，如果孩子不是惡意，給予機會，寬容看待，幽默解決，不是兩全齊美嗎？假如，時光能倒轉，讓你搭乘時光機回到你的小學生涯。正好，你就是這組其中一位孩子，你會希望老師如何處理這件事呢？

不占用太多時間，讓每位孩子都能參與，
好入門，難度不高，步驟不複雜，
讓人人有機會，個個有信心，
又能精準傳達心意的萬用教室布置與節慶美術設計。

美感力： 第五章

為生活帶來新的感動

值日生：

21

10 分鐘，
搞定萬用教室布置

　　經過一個暑假及颱風的摧殘，原本的教室布置褪色的褪色，掉落的掉落。新學期開始，一切重新來過。

　　為了不占用太多時間，也希望每位孩子都能參與，更希望班親會時，家長能看到自己孩子展出的作品。所以，萬用布置要好入門，難度不要太高，步驟不要複雜，尤其新班，讓人人有機會，個個有信心。

　　萬用教室布置可以應用在公布欄、教室內外、窗臺邊、活動看板、各類海報（教師節、母親節、聖誕節、各種節慶日），「萬用教室布置」可以是主角，也可以是搭配的配角，只要掌握技巧，大小皆可以自由調整，想貼哪，就貼哪，怎麼貼，都好看。

▽ 萬用教室布置 1──**立體愛心裝飾**

使用材料

1. 剪刀
2. 釘書機
3. 紙材（粉彩紙、雲彩紙、色紙皆可）

如何選紙材顏色

　　先教會孩子簡單的配色概念，顏色搭配掌握「對比配」或「深淺配」。

　　如果開放讓孩子自選紙材顏色，孩子選色就會有概念，選取兩張「色差比較大」的顏色，組合後視覺效果較佳。

製作步驟

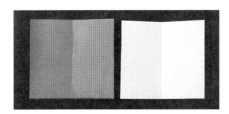

1. 準備兩張正方形並對折。

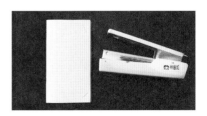

2. 將兩張紙開口朝外，疊在一起並釘好。

3. 用筆描繪愛心的右半部。

4. 將畫好的線剪開（兩張一起剪）。

5. 將剪好的愛心展開，在內緣一公分處畫上鉛筆線。

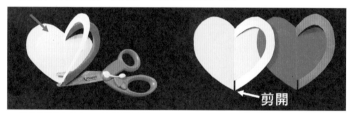

6. 將兩張愛心釘好，沿鉛筆線剪開。

7. 成功剪好的兩張愛心，分別內折。

8. 將兩張愛心擺正，上下交接處用釘書機釘上，兩色半邊愛心就可以釘合在一起。

▲ 有了「立體愛心裝飾」，教室瞬間生氣盎然。

神救援：半邊愛心模版

　　萬一班上孩子都不太會畫愛心，愛心畫到天荒地老還是畫不出來，或是畫歪不對稱，自己看了都不滿意，該怎麼辦？

　　老師可以用「瓦楞紙」製作了「半邊愛心模版」：先在瓦楞紙上描繪半邊愛心，再剪下來。孩子畫不出來時可以使用輔具，只要沿著愛心模版邊緣描出鉛筆線，即可剪裁。手邊沒有瓦楞紙，也可以使用磅數較輕的厚紙板。

　　模版有大小兩種，每小組發下大愛心及小愛心，使用完再收回，妥善保管，以後每屆皆可使用。

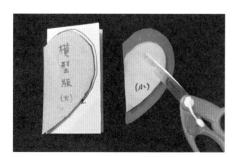

▲用「半邊愛心模版」協助畫出愛心。

▽ 萬用教室布置 2 —— 創意相框，認親交友皆大歡喜

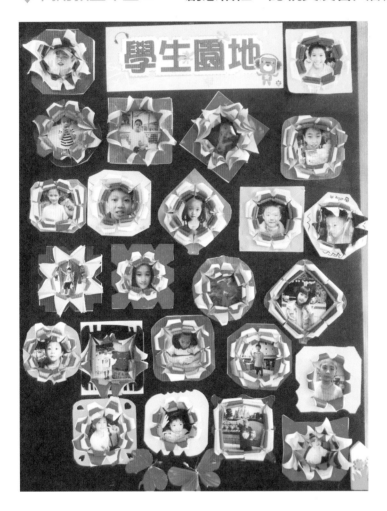

新班級剛開始，每次學生發作業都會來問這是誰？那是誰？

為了加速彼此認識，只要「四張色紙」，就可以做出很有特色的「創意相框」。

看到孩子帶來人生各階段的照片，嬰兒、幼兒，還有在家不為人知的一面。可愛的、調皮的、耍帥的、得意的……，相框一展示出來，大家紛紛前來「品頭論足」，除了加速認識，也製造很多話題，嘻嘻哈哈中拉近距離！ 班親會時，更是家長爭相目睹的焦點。

1. 四張色紙
2. 剪刀
3. 釘書機
4. 鉛筆（原子筆）

如何選紙材顏色

對比配」或「深淺配」

　　選取「色差較大」的顏色排列，如深→淺→深→淺，或是淺→深→淺→深，讓顏色有明顯層次。

同色系製造漸層感

　　暖色調：紅→橘→粉紅→黃。

　　寒色調：深藍→深綠→淺藍→淺綠。

彩虹色系

　　如紅→橙→黃→綠。

製作步驟

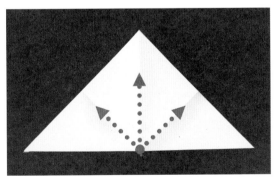

1. 將四張色紙分別折出米字折線後，再將色紙對折成三角形，沿上圖的折線剪開。預留三到四公分不要剪斷。

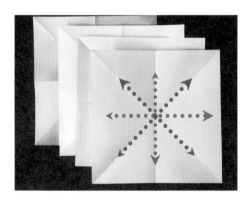

2. 將剪完三張的色紙背面（白色）朝上，
　 最外層相框色紙（黃色），顏色面朝上。

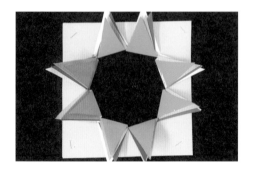

3. 將四張色紙四周釘起固定，避免紙張移
　 動，再將剪開處層層往上翻成三角形。

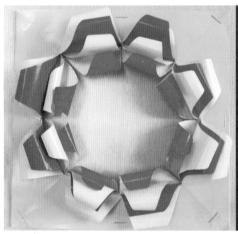

4. 用鉛筆或原子筆將三角形一張張捲起來。四個角可剪修成其他形狀，自行設計邊緣，或發揮創意
　 添加其它素材，寫字畫圖、亮片裝飾皆可。背後再放上照片，用釘書機固定在捲花層下。

創造寫作平臺，培養觀察力

創意相框寫作引導文：

1. 創意相框的製作過程如何？（可文字敘述，也可畫圖）
2. 看到自己的相框被貼出來有何感覺？
3. 誰的作品最吸引我的注意，為什麼？
4. 我挑了什麼顏色的色紙？為什麼？
5. 完成創意相框的心情如何？

創意相框製作心得

岡山國小　陳冠至

今天我們把照片修剪完後釘上，老師把我們的創意相框貼在公布欄，看到別人的照片，我才發現我的頭怎麼比別人來得大？哈哈哈。

欣賞完全班的作品後，有一個人的作品吸引我的注意，那位是曾芷宥，因為她的相框外形是黑桃形狀的，我覺得很有創意。

我的作品選用紅色、咖啡色、綠色，外框是黃色，其中我特別喜歡綠色，因為綠色是大自然的顏色，代表和平、健康、青春，所以我喜歡綠色。當然藍色、紅色也是我喜歡的顏色，藍色代表智慧、自信與專業；紅色對我來說比較特別，因為喜氣洋洋的新年紅包都是紅色的，這些都是我喜歡的顏色。

創意相框不但可以欣賞別人優秀的作品，改進自己的缺點，也能快速認識同學，真是一舉兩得。

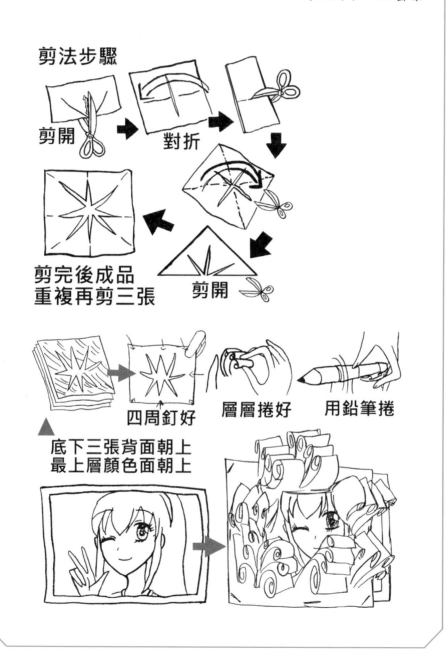

學生手繪步驟圖

岡山國小　王藝絜

剪法步驟

剪開

對折

剪完後成品
重複再剪三張

剪開

四周釘好

層層捲好

用鉛筆捲

底下三張背面朝上
最上層顏色面朝上

▲修剪成黑桃形狀的相框，創意十足，讓同學留下深刻印象。

　　想當初請孩子寫日記，全班一片哀號聲，現在看到這用良心與愛心書寫的作業，老師眼淚狂噴啊！感謝孩子這麼認真的寫日記，非但沒有半點怠慢，還投注了大量心力，誰說記錄是痛苦的事？孩子的心得畫作有如此精湛的動漫風格，讓我一開學就發現班上有繪畫天才，老師也忍不住大聲鼓掌！

▽ 萬用教室布置 3──你可以再靠近一點，我的個性大頭貼

　　寒暑假期間，許多家庭各自出遊，留下不少值得回憶的畫面。新學期班親會即將登場，是該讓孩子秀出美好照片回憶的好時機囉！若是新班級，相框照片旁還可以寫上名字，方便認識同學。

使用材料

1. 剪刀　2. 釘書機　3. 色紙數張　4. 白膠　5. 相片一張

製作步驟

個性大頭貼，分兩階段製作，先製作底座，再將照片黏貼上底座扇形。

1. 將兩張色紙黏合後，從中間對折，製造出折線。（顏色越多，成品的顏色越豐富。）

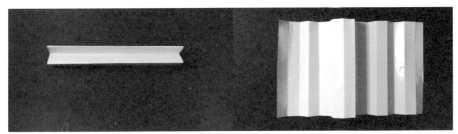

2. 將黏合後的色紙多次對折。

3. 將色紙折到變成一折為止，打開後有明顯折線痕跡。

4. 將折成一折的色紙兩端剪成圓弧形，再將中間部分隨意剪出缺口，形狀可自行設計。

5. 剪好之後，打開色紙並對折，將上面兩張圖中，畫紅線的兩個標示部位黏合，黏合處可釘
　 起加強固定。

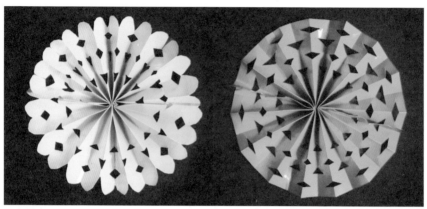

6. 個性大頭貼的扇形底座完成。

▲ 簡易版：適用低年級，只剪邊緣弧線，或者完全不剪。

▲ 進階版：可用一到三張色紙，製造多重效果。

▲ 用白膠或保麗龍膠將照片貼上，再用鄰座同學剩下的色紙剪出各種裝飾，妝點相框。

◀ 將全班作品貼上全開海報，貼上教室門板。每天一進門，就看到同學笑臉迎人，開啟美好的一天。

22

母親節，用小成本
帶孩子表達大心意

　　母親節將至，又到了帶孩子向媽媽表達心意的時刻！誰說慶祝母親節要花大錢？雖然沒有能力購買掃地機器人、衣服包包、化妝品；雖然無法送媽媽出國花，不如送媽媽五月花。溫馨母親節，小成本、大心意，便宜也有好貨。帶孩子透過雙手的溫度，製作最精緻、最優雅、最夢幻的感恩卡片。新鮮康乃馨會枯萎，手作立體花永久珍藏、永不凋零。寵愛媽咪，就讓愛與感恩一次送進媽媽的心坎裡，每看一次，微笑甜蜜在心頭，讓媽媽感動久久。

沒有媽媽該怎麼辦？

　　曾有老師問過，現在家庭這麼多元，如果家裡沒有媽媽，該怎麼辦？

　　事實上，在教學現場裡，母親節，不是特定只為媽媽，取而代之的是感恩「照顧自己的人」，這角色有可能是單親家庭裡的爸爸、隔代教養的阿公阿媽，或是其他親友等等。

▽ 帶領孩子，珍視自己的材料

也有老師問，美勞課把材料發下去，對美勞沒興趣的孩子，尤其是沒耐心的小男生，亂作一通，一下黏錯了，一下剪歪了，美感盡失，覺得失敗，索性放棄不做。

然後，孩子課堂上無所事事，趁著老師指導其他孩子，開始「孫悟空大鬧天宮」，惹得全班雞犬不寧。幾次美勞課上完，發現能端上檯面的作品屈指可數。原本對美勞充滿熱情的老師，教到最後，教學熱忱也跟著流失。

像這樣重要的感恩節日，如何在工作之初，帶領孩子積極看待自己的材料，珍視每一個製作過程，謹慎做好每一個細節，直到全部達標為止呢？

因為卡片是要送給媽媽（或是其他照顧者），這中間的感恩與心意，不單單只是「製作」出一張卡片交差給老師打分數而已，而是要「心存感念」，真心誠意感恩家人的照顧，並且將這份「愛」與「感恩」帶回送給家人。

如果，只是像完成一般制式的勞作，為交差而黏貼，少了「愛」與「感恩」的調味，卡片就只會是冷冰冰的一項作業，沒有期待，沒有盼望，那與充滿熱切期待送給家人的感覺是迥然不同的。

如何帶領孩子在工作之初，便珍視自己的材料，到全部完工，老師教學前的「引導」就格外重要。因為沒有人會對「不期待」的作品產生熱情，也沒有人會對「被否定」的創意產生動力。

▽ 營造班級氛圍，激發集體瘋狂的創造力

課堂充分引導

那曾經懵懂的小一新生，哭著不讓媽媽離開視線；那曾經呆萌的小一新生，會在自己的學校迷路；那曾經忘東忘西的小孩，緊緊握著公共電話的話筒向媽媽求救，額頭冒出斗大的汗水，混雜著慌張無助的眼淚；那曾經在操場上快樂飛奔玩捉迷藏的孩子，一瞬間，已經長大。說之以理外，也動之以情，除了老師的創意教學，也需要孩子創意學習。課前要把全班的「創作魂」全部激發出來。

先備經驗與知識

因為有媽媽（或家人）無微不至的照顧，才能使孩子的生活更加豐富精采，告別幼稚走向成熟。但是，有時孩子又會橫衝直撞，或是橫行霸道，若不是媽媽（家人）無盡的包容與接納，安定又幸福的生活哪裡來？請孩子開始搜尋過去的經驗外，激發創造力與想像力，也要提取應用、綜合、實踐，每家人生活背景不同，美感力與寫作力就是展現自己生命的總合，營造一種「生命的長度是有限的，不感恩，要待何時？」通常孩子聽完會猶如當頭棒喝，更加有衝勁。

孩子互助或一對一組指導

有些孩子對美勞興趣缺缺，我會告訴孩子，「藝術沒有標準答案」。通常一組裡面一定有一位孩子可以先達標，他將會成為這組的小老師。或是我一對一組近距離示範，看著孩子順利完成小任務（折出一朵花或剪一個愛心），老師要確認全部孩子都會製作並適時協助，全班一起開工，一個都不可以少。同時，讓孩子明白這偉大的任務「只有他能做」，賦予「神聖任務感」，孩子會更有自信的努力學習及創新。

適時給予鼓勵

有些孩子明明已經製作得很棒，還是沒信心，我通常都會請大師畢老幫忙：「你喜歡畢卡索嗎？你看得懂他在畫什麼嗎？你幼稚園的弟妹是不是畫得比畢卡索還要棒？」

「這樣設計好有創意喔」、「全世界獨一無二的作品，你比藝術家還藝術家」、「收到卡片的人一定會非常感動」、「媽媽（照顧者）一定很期待收到你的卡片」。孩子受到鼓舞就會更有活力的投入挑戰，尤其老師稱讚他比畢卡索還厲害！當全班沉浸遨翔在自由的藝想世界，創造力的工作就會變得愉快且充滿意義。

全班進入忘我境界

母親節，除了好好用心製作卡片之後，接下來要催化出令人噴淚的寫作力，將埋藏在心底最深處的話，好好挖掘出來。生命的長度是有限的，何時結束，沒人知道。愛與感恩，要及時說出來，讓感動與回憶加乘，感恩照顧自己的人。

美勞課可以一邊手動一邊討論，還可以自由走動請教老師，這種「精神放鬆的愉快時刻」常常讓孩子忘我，下課了仍熱情投入且樂此不疲，工作滿意度大幅提升。通常到這階段，我只要興奮的等著他們加倍奉還的教學回饋就可以了，然後，老師就幸福滿滿的下課休息去囉！

▲孩子們的手作感恩卡片，是最溫馨的母親節禮物。

▽ 母親節 1──圓形花扇感恩卡

使用材料

1. 剪刀
2. 釘書機
3. 雲彩紙數張
4. 色紙數張
5. 白膠
6. 烤肉用竹棒

製作步驟

　　花扇感恩卡片分兩階段製作。先製作底座，再製作黏貼於上的愛心小書，最後將底座與愛心小書結合即完成。

底座製作

1. 將兩張色紙黏合。

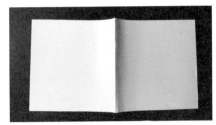

2. 從中間對折，製造出折痕。

3. 再對折一次。

4. 再對折一次。

5. 折到變成一折為止。

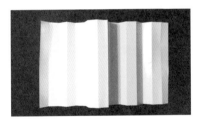

6. 打開出現明顯折線痕跡。

7. 按折線痕跡一上一下折疊。

8. 收攏，折完後的成品。

9. 折好後壓平，從中間對折。

10. 將白膠處黏合成爲扇形。

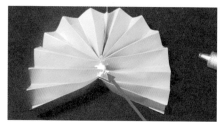

11. 中間點也塗上白膠。

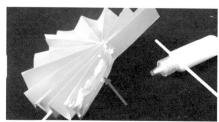

12. 側邊塗上白膠。

13. 黏上木棍。

14. 用釘書機釘合。

15. 將木棍夾在中間，確認上下都用釘書機釘合。

16. 釘書機釘合後，木棍會更牢固，等待白膠乾了之後，底座製作即完成。

愛心小書製作

1. 畫好愛心剪下。

2. 剪出 3-5 種愛心備用。

3. 將紅、黃愛心Ａ面黏合。

★愛心小書也可自由增加頁數。

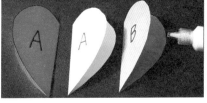

4. 將黃、紫愛心Ｂ面黏合。

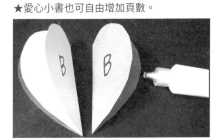

1. 將黃、紫愛心Ｂ面黏合。

2. 成為紅、黃、紫三色愛心小書。

3 愛心小書可無限增加頁數。

4. 五色（頁）愛心小書製作完成。

　　因為自己的不成熟，曾經做了什麼事，或是說了什麼話傷了媽媽的心，趁這時候，表示歉意。或者感謝媽媽（或家人）對你的付出與包容，讓你安心生活，有溫暖的家。

班級孩子句型範例參考

- ·我有時對您不耐煩，不懂您的用心良苦……
- ·媽媽每天辛苦照顧我，從不抱怨，但我卻抱怨東又抱怨西……
- ·你公司的員工故意針對你，我知道你壓力很大……
- ·有時候說了一些傷您的話，都是我不懂事……
- ·上週四因為平板被沒收，我還對你發脾氣……
- ·我生病的時候，你不眠不休的照顧我……
- ·謝謝媽媽還生了一個弟弟，讓我不孤單……
- ·考試時您還抽空幫我複習，耐心教導我……
- ·每次要我做家事，我都很不甘願……
- ·謝謝媽媽賺錢將我養大，也一直包容我做錯的事……
- ·感恩這12年來您的照顧……

神救援

　　感恩寫作的部分，可參考第一章情感力〈班親會，藉機教會孩子愛與感恩〉，影片看完，寫作力就會大噴發。

組合卡片

1. 將書寫完的小書塗上白膠，黏到底座上。

2. 自行設計葉子造型，黏到木棍上，圓形花扇感恩卡即完成。

▲ 「愛心小書」也可以換成簡易的「圓形小書」，更適合低、中年級操作。(可參考〈個性大頭貼〉的製作方式，變化底座造形。)

▲變化的底座，不同的葉子造型，增添花扇感恩卡的活力。

▲繽紛的作品，幫孩子說出感恩的心裡話。

▽ 母親節 2——燦爛馨情花束卡

使用材料

1. 剪刀
2. 釘書機
3. 雲彩紙一張
4. 色紙數張
5. 膠水
6. A4 影印紙一張（各色皆可）

製作步驟

　　花束卡分成兩階段製作，先製作花朵，再製作花束，最後將花朵及花束黏貼在卡片上即完成。

花朵製作

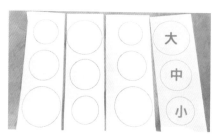

1. 將圓形印在 A4，紙每位學生兩小張。

2. 將圓形釘在折好的正方形色紙上。

3. 釘好穩定後，把圓形剪下。

4. 一次可以剪出圓形四胞胎。

5. 將剪好的圓形一一對折。

6. 將三個半圓疊合在一起，對折。

7. 在中間對折線上，釘上釘子。

8. 釘好釘子，展開如上圖。

9. 將半圓立起來，分開站好。

10. 將花瓣撐開。

11. 將花瓣整理好，備用。

12. 在每片花瓣交接處塗上膠水。

13. 黏好並調整花瓣形狀。

14. 準備好定型的花瓣備用。

花束製作

1. 準備一張 A4 影印紙。

2. 以 1.5 公分寬上下對折。

3. 折成一折即可。

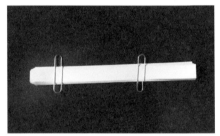

4. 將紙收攏定型。

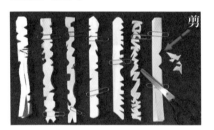

5. 定型後自行剪裁形狀。

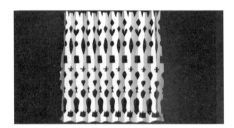

6. 剪好展開。

7. 用釘書機收攏下半部。

8. 花束製作完成。

▲用造形折紙固定在收攏處，增添花束的變化。

◀葉子可自由搭配，用奇異筆畫上葉脈，再用筆捲一捲，葉子有捲度後更有立體感。綁上緞帶，自由貼上小飾品，再寫上感恩文字。

▲永不凋零的花束，獻給最感恩的人。

母親節 3──恩情朵朵花漾卡

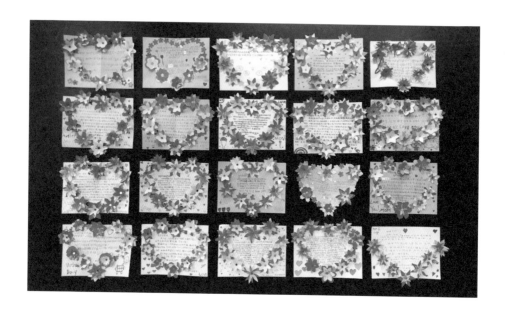

使用材料

1. 剪刀
2. 亮片（或飾品）
3. 16 開雲彩紙一張
4. 色紙數張
5. 白膠（或保麗龍膠）
6. 彩繪用具

製作步驟

　　恩情朵朵花漾卡分兩階段製作。先製作花朵，再書寫卡片，最後將花朵黏貼製卡片上即完成。

花朵製作

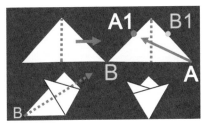

1. 色紙對折再對折，分開剪開。

2. 折成三角形後再對折出折線。

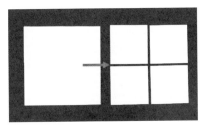

3. 將 A 角往左邊 A1 黃點處折去，
　將 B 角往右邊 B1 藍點處折去。

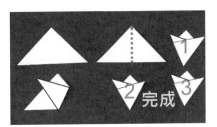

4. 折好三片後備用。

5. 以中線畫出花朵的形狀。

6. 將畫好的花瓣形狀剪下。

7. 剪完張開後為六瓣花。

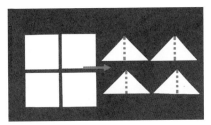

8. 分別剪成大中小尖形花瓣。

9. 將第三片最小的花瓣沿虛線剪開，將 A 瓣底黏至 B 面上，六瓣變成五瓣。

10. 用白膠（保麗龍膠）將大中小瓣黏合，立體花完成。

花朵怎麼選色比較漂亮？

立體花是三層，三層選用不同色，有深色、有淺色，花朵就會立體又有層次感。

最上層的花朵，因為要做成立體狀，所以需要將六片花瓣變成五片，如步驟 9-10。

▲ 雖然只有三種顏色，但可以透過上中下層不同的排序，做出變化。

書寫卡片

▲ 花朵製作完成，最重要的就是有溫度的文字，在空白處畫上插圖，將卡片妝點得更漂亮。

▲花朵中心的花蕊，可以黏上圓形亮片，或是小珍珠等其他材料。最後再使用白膠或保麗龍膠將花朵黏上卡片。

▲ 製作精美的恩情朵朵花漾卡送給媽媽，讓心意成為最值得收藏的記憶。

▽ 母親節 4─**感恩文賞析**

親愛的爸爸：

　　我在這特別的日子，我要謝謝爸爸，從小父代母職含辛茹苦的扶養我長大，您教導我時，我有時還會不耐煩，講話口氣也很差，不懂您的用心良苦，真的很對不起。

　　感謝您從我小時候就一直包容我到現在，為了我的三餐溫飽，每天辛苦的工作，請爸爸不要擔心，我現在在學校每天都過得很好，謝謝您讓我有一個美好的童年。祝爸爸身體健康、長命百歲。

（岡山國小　李元富）

親愛的阿媽：

　　我曾經對您發脾氣，對不起。謝謝您一直保護著我，對待我像朋友一樣，聽我講學校的事情。阿媽您不要操煩我，我國中也一定會過得很好，我會珍惜您給我所有的一切，謝謝您！祝阿媽身體健康，長命百歲，我愛您。

（岡山國小　葉子暘）

親愛的媽媽：

　　對不起，以前因為我的不懂事，讓您生氣了，我想跟您說抱歉。

　　謝謝您對我12年來的照顧，讓我有溫暖幸福的家，可以安心生活與讀書，不用流落街頭。謝謝媽媽生了一個弟弟，讓我生活不孤單。還有媽媽每天都要上班，回家這麼累還要準備三餐，從沒聽您抱怨，讓我非常感恩。祝媽媽青春永駐。

（岡山國小　黃齡霈）

萬聖節，南瓜、蝙蝠、蜘蛛，一次到位

　　每年十月的重頭戲，就是萬聖節活動，為了讓十月更「鬼」模「鬼」樣，班級也要有「搞什麼鬼」的濃濃氛圍才行。

　　現在網路上有許多萬聖節相關美勞可以參考，挑選適合自己班級的程度，改造創新一下，再運用手邊現有素材，深入淺出。除了便宜，容易取得的材料，製作上低難度，易入門，就是最適合班級教學的了。

　　不管是配合學校「萬聖節闖關活動」，或是情境布置，省錢好看又快速，這單元的三個勞作也可以混搭，甚至可以將萬聖節創意面具，當成運動會進場裝扮，只要學會怎麼運用，校園活動皆能輕鬆大展身手。

▽ 萬聖節 1──萬聖節南瓜 DIY

使用材料

1. 膠水　2. 釘書機　3. 色紙數張

製作步驟

1. 將兩張色紙黏合。

2. 約一公分上下折疊。

3. 對折，綠線處黏合，張開成扇形。

4. 綠線黏合，黏合處用釘書機加強。

▲ 為南瓜設計表情，喜怒哀樂或搞笑表情皆可。有了表情之後，南瓜瞬間活起來。

▲ 創意十足又具童趣的南瓜臉創作。

運動會進場服改造成萬聖節裝扮

學校的規定，萬聖節裝扮需要以「資源回收概念」完成，要拿什麼資源回收物呢？

想起校慶運動會的進場道具服，穿進場不過十幾分鐘，穿完沒破掉，紙條完好如初，丟了浪費，不如，改造成萬聖節服裝，一服兩用，省錢快速又環保。

▲原本校慶運動會進場舞的道具服，紅色壁報紙做的紙條領帶。

運動會後沒有丟掉的道具服，可以資源回收再利用。這次配合學校萬聖節裝扮，將道具服進行裁切再利用。

切好後，按照顏色擺好。條狀流蘇要製作成帽子及頭髮、裙裝飾條。

捲好的條狀流蘇，在捲子內釘上釘子，將捲子固定是為了維持捲度。再用膠帶（或釘書機）黏回原本的道具服，製作成新的萬聖節裝。至於要當裙子穿，還是荷葉領使用皆可，藝術沒有標準答案，孩子都可以自由發揮。

將學校營養午餐裝水果的袋
子剪出頭、手的位置，胸前貼上
南瓜裝飾一下就大功告成。

▲ 改造前（左圖）。右邊是改造「生日帽」，將捲上捲子的流蘇條用釘書機釘上生日帽，
製作出搞笑版法國路易十四。使用釘書機，注意釘書針的針口開合處要朝外。另外，
為防釘子接觸皮膚不舒服，可以在釘子上貼一層透明膠帶保護。

　　這種自創的萬聖節闖關進場服，不但省錢，絕不撞衫。一魚兩吃，運動會進
場服裝改造成萬聖節裝扮，完勝。

　　你可能會問，有沒有人敢穿這樣去闖關？

　　我只能說，在老師強大藝術力的薰陶及搞怪下，孩子可是非常敢於「與眾不
同」，人人搶穿啊！這年代，與其比別人好，不如與別人不同。

萬聖節 2──**不撞臉創意面具，便宜也有好貨！**

　　利用老師手繪的兩款萬聖節創意面具，不用花大錢買塑膠製品，只要一張 16 開西卡紙，加上色紙、橡皮筋等，區區十幾元，就可以搞定萬聖節裝扮，簡單環保又好看。

使用材料

1. 剪刀
2. 裝飾品
3. 16 開西卡紙
4. 色紙
5. 橡皮筋
6. 膠帶
7. 膠水
8. 釘書機

蝙蝠造型創意面具

　　剪裁模型版後，使用手邊現有素材，或利用色紙、亮片或手繪圖案等拼貼出想要的造型，怎麼搭配都好看。

製作步驟

1. 依照影印稿紙模型，剪下面具形狀。

2. 剪色紙、或自行繪製圖案做面具裝飾。

▲ 獨一無二的「蝙蝠俠」，不撞臉，有個性。

蝴蝶造型創意面具

　　蝴蝶的圖案左右對稱，先將色紙「對折」後再剪，就可以一次剪出「雙胞胎」（兩張形狀一模一樣的圖案）；色紙也可以「對折兩次」（變成一個正方形）再剪，就可以剪出「四胞胎」（四張一模一樣的圖案），以此類推。

製作步驟

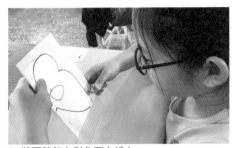

1. 將圖稿釘在彩色西卡紙上。

2. 沿著圖稿的黑線剪下蝴蝶面具。

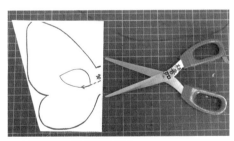

3. 剪開蝴蝶面具眼睛的部分。

4. 兩手抓緊，沿線小心剪開。

5. 剪斷處用膠帶黏合。

6. 用色紙、亮片、圖畫等裝飾蝴蝶面具。

▲ 蝴蝶造型創意面具，簡單、繽紛易上手。

▲依照自己的臉型，在面具左右兩邊打小洞，穿上橡皮筋，萬聖節蝴蝶面具就大功告成囉！

※ 掃一下第 279 頁的 QR CODE，下載晉如老師設計「萬聖節造型面具版型」。

▽ 萬聖節 3──飄飄球大集合！南瓜、蝙蝠、蜘蛛一次到位！

　　三款萬聖節「飄飄球」，低、中、高年級都適用。從布置到造型，從價錢到材料，通通不馬虎，讓萬聖節便宜也能更有「幽靈」味。

使用材料

1. 剪刀
2. 裝飾品
3. 8 開雲彩紙
4. 光碟片
5. 白膠或保麗龍膠

製作步驟

1. 用光碟片輔助畫圓，一張 8 開雲彩紙可畫出六個圓。

2. 將剪下的六個圓對折。

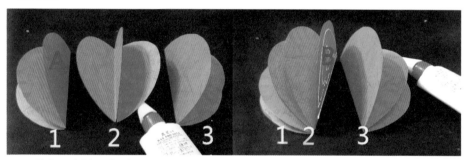

3. A 面塗白膠（或保麗龍膠）後與右邊半圓 2 黏合，B 面與右邊半圓 3 黏合。

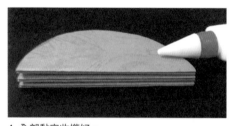

4. 全部黏完收攏好。

5. 確定黏著固定後，張開即為半球體的飄飄球。

6. 製作不同顏色的半球體。

7. 加上表情與蒂頭，南瓜飄飄球即完工。

▲ 簡單好做，班級一次可以產出眾多南瓜飄飄球。

▲每顆南瓜都有自己的個性，生動又有趣。

一球多用，顏色限定

除了南瓜飄飄球之外，改變半球體的顏色，馬上換新造型。飄飄球加上「蜘蛛腳」，立馬變成萬聖節蜘蛛；飄飄球加上「翅膀」，變成萬聖節蝙蝠。

橘色、黑色、紫色、紅色、綠色，這些都是萬聖節專屬色，只要把握配色原則，怎麼搭，都好看。

▲ 蜘蛛飄飄球：色紙、亮片、圓形貼紙等，都是好用又便宜的裝飾物。

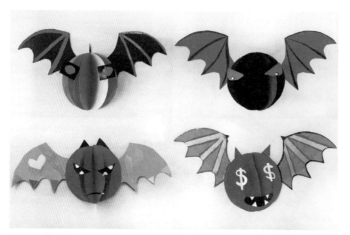

▲蝙蝠飄飄球：紫色蝙蝠加上黑色翅膀，再貼上裝飾，萬聖節的氣氛十足。

▲誰說蝙蝠只能一身黑？

▲ 把三款飄飄球貼上全開雲彩紙，外圍用白色、黃色粉筆簡單圍個圈，一張海報就完成了。

▲將孩子們精心製作的海報貼在教室前後門，一起營造「搞怪」的萬聖節。

24

聖誕節
歡樂繽紛，快速上手

　　每年 12 月初，孩子最期待的就是聖誕節，時間還沒到，就會有孩子開始問，今年要做什麼聖誕節裝飾？所以 12 月美勞課的重頭戲，就是製作聖誕節勞作，一來感受節慶氣氛，二來配合教學布置教室。以下的五個聖誕節勞作，只要稍加調整難度，低、中、高年級都適合。

▽ 聖誕節 1──立體動感聖誕樹

　　「立體動感聖誕樹」立體、簡單又精美，掛在窗邊，遇風還會ㄉㄨㄢ ㄉㄨㄢ飄動，動感得很！以下藉由孩子們的圖文並茂的日記內容，看看如何製作立體動感聖誕樹。

使用材料

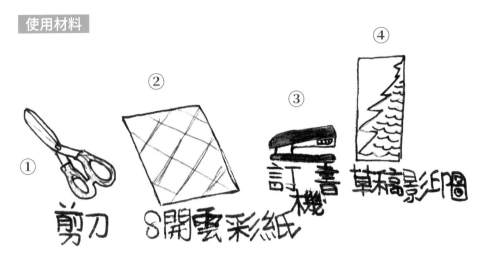

岡山國小 王藝絜

如何選紙材

　　紙材選用以雲彩紙或粉彩紙。依過去經驗的總合，雲彩紙比粉彩紙硬一些，做勞作時支撐效果較佳，褪色速度比粉彩紙慢，若兩者價格相同的條件下，建議使用雲彩紙。

低年級

　　剪彎曲線條對低年級難度稍高，小肌肉要有力量，低、中年級可以將曲線改為「直線」。

高年級

　　孩子可以自行設計聖誕樹外形，直接構圖在雲彩紙上。

製作步驟

▲剪完的波浪橫條，一條往內凹，一條往外凸（形成一前一後），兩邊交界處用手指壓緊，讓折痕更堅固。（岡山國小　曾芷甯）

▲孩子耍寶將「立體動感聖誕樹」戴在頭上，真有意思。

回顧課堂內容，記下感受

　　班上所有活動後，固定寫記錄，可以是馬上記錄，也可以是回家的心情小語、日記、或是用繪畫表現等，培養孩子在活動中的觀察力。

　　寫作時，可再次回顧課堂內容，大家的一行一言、表情、動作、作品等，都能成為觀察主題，任何觀察都會產生感受，將喜怒哀樂等五感全部打開，觀察敏銳了，想像力才有馳騁的機會。因為親身參與活動，不會像寫日記容易因為沒主題而變成流水帳，寫久了，孩子就能從日常生活中，練習觀察的能力。

立體聖誕樹製作心得

1. 一開始看到老師的「立體聖誕樹」覺得「哇！老師太厲害了，不愧是讀美術系的，真的好厲害」發自內心的說。
   學會後原來這麼簡單啊！其實本來做完覺得好漂亮，但是看了別人的作品後，就覺得自己的好像也沒多好看，可是我已盡力了，而且，我還做了點裝飾，老師稱讚我很棒呢！
   回家後我發現聖誕樹的星星快掉了，就沒再去動它了，但它有如病床上的病人一樣虛弱，我幫它黏上膠帶後，它又重新復活了，而且好看多了，我非常的開心。
   我要謝謝老師，因為沒有老師就沒有這篇文章，就不會有這些漂亮的聖誕裝飾，所以「晉如老師，謝謝你。Thank you teacher」

   （岡山國小　蘇靖淳）

2. 我正在推理老師為何要教我們做聖誕節啊！一定是聖誕節快到了。因為我想做一棵聖誕樹寄給〇〇祝她聖誕節快樂，我還寫了一張聖誕節卡片要給她。

   （岡山國小　張楚珮）

註：班上一位女孩到北部進行化療，整學期都在醫院，沒想到楚珮惦記著她，要親手做立體聖誕樹寄給她，真是令人感動！

3.我覺得我好驕傲，因為我做出一棵屬於我自己的聖誕樹。超酷的！同時我也覺得老師的點子超多，每次教我們做的藝術品都跟之前做的與眾不同，所以老師真是太厲害了！這次做的聖誕樹是用來布置教室的，我相信，運動會時，我們班一定是最漂亮的。

（岡山國小　張育睿）

4.我覺得今天美勞課做的立體聖誕樹很漂亮，因為這是我第一次做聖誕樹，雖然在剪的過程中，感覺隨時會剪破一樣，但是很有趣，晉如老師教我們聖誕樹的製作方式，這樣以後就可以在家做更多顏色的聖誕樹，布置在客廳及房間裡。

（岡山國小　陳睿炘）

▽ 聖誕節 2──聖誕節花圈

晨間打掃完，在辦公室忙完影印資料後，我上樓梯回教室，在樓梯間，遠遠望進班級，看見班上的孩子都站著，一副忙碌的樣子？

我納悶，早自修時間，不是應該安靜閱讀嗎？他們站著是在幹什麼？

大事不妙，我趕緊加快腳步。

進教室一看，原來，孩子們已經迫不及待開始製作「聖誕節花圈」了。原本美勞課應該是第三、四節的課，我都還沒示範，孩子竟然自己做起來，還全班都「動茲動茲」起來，這「聖誕節花圈」實在太有魅力了！

前幾天預告材料時，給孩子們看了成品，請孩子先準備材料，因為這單元實在太簡單明瞭了，材料說明完後，當晚就有孩子在家ＤＩＹ。還有不少家長直接發訊息詢問老師：「太有趣了，我們……可不可以在家先做一點？」雖然是問「先做一點點」，但隔天來，都是告訴老師「忍不住，我全部做完了。」這麼讓人欲罷不能的美勞教學，怎能不和大家分享？

先前完成「立體動感聖誕樹」後，孩子們顯然對聖誕樹的好感倍增，加上用閃亮亮的金蔥條做出來的花圈效果實在是太強眼了，和外面書局賣的聖誕節花圈相比，簡直「便宜又大碗」，而且還更漂亮。

使用材料

1. 鐵製衣架一個，視花圈的大小，決定用大人衣架還是小孩衣架（本班用大人衣架）
2. 報紙數張
3. 透明膠帶
4. 金蔥條 1-2 條
5. 裝飾品

製作步驟

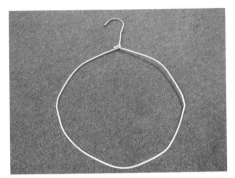

1. 將衣架凹成圓形（視欲製作的花圈大小，選擇大人或小孩衣架使用）。鐵絲有硬度，低、中年級學生可請家長協助。

2. 將報紙用透明膠帶包捲上衣架，增加厚度。

3. 報紙包好後，纏上孩子自備的金蔥彩帶（或其他乾燥花）。

4. 彩帶纏繞好後，黏貼飾品。

▲金蔥耀眼聖誕花圈完成。

▲加上不同裝飾品，就有不同風貌。

因為每個人帶來的金蔥彩帶皆不同，利用其他同學金蔥條上的各色葉子，或是花瓣，也可以有效增加裝飾，省一筆錢。

聖誕節花圈製作心得

製作完聖誕節花圈後，老師幫我們和自己的作品拍照，拍完照老師傳給家長看，許多家長都讚嘆不已，回應「太閃了，眼睛都睜不開了」、「想要參觀教室佈置後的聖誕氣氛」，還說我們很厲害。後來，老師和我們一起把花圈掛在教室外的窗戶上做裝飾，隔壁班的同學們經過都停下腳步觀賞我們做的花圈，嘻，很開心。

（岡山國小　蘇靖淳）

看完孩子寫的心得，看得出孩子滿足與驕傲，教學何必「打分數」呢！成就感，就是最大的正向肯定！

▲聖誕花圈效果非常亮眼，金光閃閃，整間教室充滿節慶氣氛。

聖誕節 3——扇形聖誕樹

使用材料

1. 色紙
2. 剪刀
3. 雲彩紙（粉彩紙）
4. 白膠（雙面膠）

製作步驟

1. 將兩張色紙用白膠或雙面膠黏合。

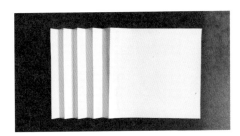

2. 以 1.5 公分寬上下對折。

3. 折好後壓平，從中間對折。

4. 逐漸剪短，製造出層次感，準備約七到十層不同的長度。

5. 將中間用白膠或雙面膠黏合，成為扇形。

葉子長度每層遞減

塗白膠處

6. 16 開雲彩紙對折後，將扇形葉由長到短、由下往上，依照層次用白膠貼好。黏貼前，可沿著對折線試排一下，預留出樹幹，以及樹頂裝飾物品的位置。

7. 將扇形葉依序打開，就是一棵漂亮的扇形聖誕樹了。

▲底色的雲彩紙可以選用與聖誕樹不同的顏色，較能襯托出聖誕樹的彩度。

布置方式

① 張貼法：直接貼上牆壁或班級大門。

② 吊掛法：雲彩紙上方可以打洞，聖誕樹變成吊飾卡片。

▲ 貼上手繪的雪人、雪花、聖誕老公公等小物，聖誕節氣氛更濃厚。

▽聖誕節 4——旋轉雪人變變變

　　平常喝完的「手搖杯」，都丟到哪去呢？只要蒐集兩個相同大小的飲料杯，就可以滿足大小朋友對聖誕雪人的無限想像，順便，替雪人來個「造型大變身」！讓資源回收物，也能有節慶新功能。

使用材料

1. 手搖杯 2 個　2. 圖稿　3. 奇異筆　4. 色紙
5. 彩色筆　　　6. 白膠　7. 裝飾品　8. 剪刀

製作步驟

1. 將大中小圓剪下，並準備兩個同樣大小的回收手搖杯備用。

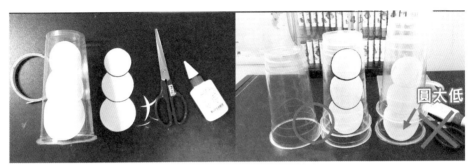

2. 用白膠將三個圓依序貼上,視杯子能否套入為基準,調整大圓的黏貼處(約在杯緣上方一到兩公分處)。建議使用白膠黏貼,若貼歪了,可趁白膠未乾時調整。

3. 先畫出設計稿。若使用大的杯子,可設計二到三種不同的造型。

4. 內杯黏好雪人的身體之後(三個圓),套入第二個杯子,將設計好的彩繪造型,畫在外杯上。可以使用油性筆直接彩繪,或者使用色紙、圖畫紙等彩繪完之後,再貼上外杯。

5. 完成二到三組造型,當外杯套入內杯旋轉時,就可以替雪人換新裝。

▲ 和同學一起製作的過程，就樂趣無窮。

▲ 誰說雪人只能有一種造型呢？各種造型應有盡有，想像力無國界！

▲ 低、中年級也可以使用小杯子，運用兩球圓型貼，簡單好操作。

▲ 兩個杯身相套，就會變成雙層疊杯，旋轉一下，就可以將聖誕樹跟吊飾合而為一。

▽ 聖誕節 5——色紙輕鬆摺聖誕樹

使用材料

1. 色紙　2. 鉛筆 / 剪刀　3. 白膠（雙面膠）　4.16、8 開雲彩紙（粉彩紙）
5. 各類飾品（線材、亮片）

製作步驟

1. 準備六到十張色紙，折成三角形。可選用不同顏色，增加聖誕樹的彩度。

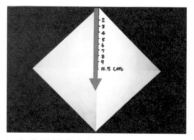

2. 在背面折痕處標出 2-10.5 公分不等的記號。

3. 將所有葉層的記號標好之後，描繪出如上圖的紅色邊緣線，方便裁切。

4. 沿邊緣線剪下，完成由大到小的正方形葉層。

5. 將正方形葉層對折後，再將右半邊及左半邊往中軸線折，完成三角形葉層。

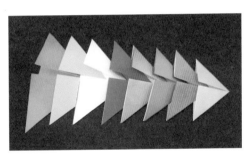

6. 依序排列整齊。

7. 葉層可剪成鋸齒狀，但勿剪太深，避免葉層變短。

中軸線

8. 將 16 開雲彩紙（粉彩紙）對折後，把所有三角形葉層依序沿著中軸線黏上。

9. 聖誕樹完成之後，就可以進行背景的裝飾，手邊的紙材、線材、貼紙、色紙、亮
片⋯⋯，全都可以派上用場。

▲ 繽紛聖誕樹，不論是鋸齒狀、沒鋸齒狀的葉緣，造型都很吸睛。

※ 掃一下第 279 頁的 QR CODE，下載晉如老師設計多種聖誕節教室布置美勞模版。

低年級也可以做聖誕樹嗎？

當然可以。

不過，用剪刀剪出「鋸齒狀」的部分，及描色紙的邊緣線，受限於孩子手部小肌肉的靈活度，及拿筆動作的協調性，如果比較難掌控，這兩步驟可以省略。只要折出三角形的葉子，畫上背景，就可以完成繽紛聖誕樹。

「色紙聖誕樹」簡易作法

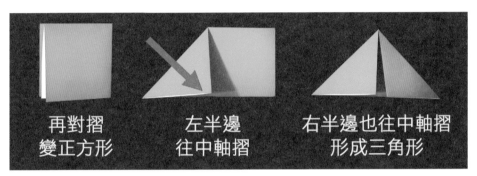

▲ 低年級簡易作法：色紙對折，沿中線折成三角形，準備 5-6 個。

▲將三角形直接貼上即可成為聖誕樹，再用紙膠帶裝飾。

親師溝通，教師該怎麼拿捏、進退？
親子關係，教師該怎麼介入、引導？
當班上同學相處不融洽，教師該如何處理？
良好溝通力，是班級經營最重要的心法。

溝通力：

親師生互動創造三贏

值日生：

25

好的親師關係，
都要講江湖義氣

〈晏子使楚〉這篇文貼上臉書時，一位老師來詢問：「請問晉如老師，當屬害的媽媽用『橘逾淮為枳』的話術為自己的小孩辯護，反將老師一軍時，請問，該如何化解？」

我想，讀者看到重點了！

▽ 遇到犀利家長，該如何處理？

我很常在演講時聽到老師對我抱怨類似的話：

「以前中年級還會寫功課，怎麼升上高年級，就不愛寫功課了……。」媽媽怨。

「以前中年級還會閱讀，怎麼升上高年級後，就不再看書……。」爸爸怨。

「以前中年級考試還不錯，不讀書擺爛也有 80 分，怎麼高年級越來越淒慘……。」阿媽怨。

以下，請讀者自己發揮小學造句的能力，造出「以前……怎麼……」的句型。

家長很擅用使用這樣的句型跟老師談話，聽在老師耳裡其實就是：「原本我家小孩低、中年級都好好的，怎麼升上高年級，被老師一教，就全部歪掉？」雖

然家長不是要炮轟老師，但是，當老師的，實在沒辦法把這樣的句型解讀為肯定老師。

教學現場，如果有家長運用晏子〈橘化為枳〉的故事像小夫媽媽這樣說：「蝦咪？金奇怪咧！以前，還沒有升上五年級以前，小夫從來都沒有發生過這種事（偷竊），怎麼一升到晉如老師的班級，就變成這樣子了？啊這是怎麼一回事咧？老師你要給我一個交代。」

通常，會用這種口氣及態度對待教學認真的老師，應該不是「普通人」。為何家長對老師說話的脾氣那麼大？因為家長早已經認定，孩子品行變差，就是老師教壞的，要不就是同學帶賽！新聞事件討論中，每次檢討社會出包的棘手問題，不知道該甩鍋給誰時，就歸因「教育失敗」。當家長怪來怪去不知道該怪誰時，就怪老師。

好的親師關係會讓你上天堂，不好的親師關係會讓你下地獄。背信棄義、忘恩負義，親師關係遲早會被消磨殆盡。

就我自己的教學經驗來看，99% 的家長都是理性且溫和的。通常，一件事可以「瞬間引爆」家長怒火，不會單純只是因為偷竊這件事，背後可能早已累積了冰山底下無數個細細碎碎的不滿及誤會，只是重燃衝突，藉機爆發出來罷了。

對於現下環境，許多老師覺得家長很難應付，不但隨時被嘴，也會被炮，甚至有校長跟我說，他的功能只剩下鞠躬道歉。讀者問，如果晉如老師遇到犀利家長，該如何處理？

▽ 最好的親師關係不是一味巴結討好，而是充滿江湖義氣

不管發生什麼事，多數的人都會覺得是「他人的錯」，這是人性使然，普遍的卸責現象。改變他人很難，改變自己較快。學生在我的班上兩年，我都不確定能否改變孩子，那就更別說要改變家長。基於此，我很願意及樂意先「放低身段」，同理家長的情緒。

「媽媽不好意思，晉如老師沒有教好孩子，老師要努力的地方還有很多，疏忽的地方也有，可能是誤會，以後老師會特別留意。不管如何，還是得告知雙方家長明白。另外，老師也要重申，不管是大人還是小孩，帶錢來學校，絕對有風險存在，因為老師自己也被偷過（校內閒雜人多）。」

你可能會想：老師為何要放低身段？

因為，全天下最辛苦的工作就是當媽媽，24 小時，全年無休。當一個心靈非常疲累、蠟燭多頭燒的職業婦女聽到自己的孩子闖禍，無法控管好情緒是情有可原的，大家都是凡人。

老師先放低身段，為的是緩和氣氛。別忘了，孩子都是在「錯誤中成長」，親師都是在「幫助孩子成為更好的人」，絕對不是找誰算帳，把錯推給誰就結束。

如果你要說，這樣卑躬屈膝對待家長，家長絕對緊咬不放，你還笨到認錯，根本就是虛情假意！如果老師「溫和堅定的態度」換來家長「激烈迎戰」，我只能說，絕對有其他地方被家長「雞蛋裡挑骨頭」，家長不過是「藉題發揮」，以前只是隱忍罷了！這時就要回頭去檢討，一定哪個環節出問題。

可以不要低頭，選擇理直氣壯嗎？

當然，你也可以「不要低頭」，老師也是人，誰沒有個性？不妨用你最「真實的個性」對應看看。這裡面還有許多「機率的問題」，遇到好家長、遇到恐龍、遇到鬼家長，都會有不同的反應，在你退休之前，你都可以把握機會，大膽嘗試這有趣味的人性實驗。

人總是要試過很多方式，才知道「高手過招」如何精采，才知道哪個方式最適合自己，最不影響班級教學，最不干擾自己情緒。

你可能會問：家長接受晉如老師的說法嗎？

目前為止，我看到歷屆家長對我的態度是更柔軟、更溫和、更客氣，也更謙卑、更尊敬的回應我。孩子看到爸爸媽媽、阿媽阿公、姑姑舅舅都這麼尊敬晉如老師，他敢犯上嗎？

你可能會問：有沒有聽到老師道歉，依然責怪老師的？

目前為止我沒遇到，但遇到了該怎麼辦？如果我真遇到了，那就要給出人生「最大極限」的寬容與體諒，因為「異於常人」的人更加招惹不起，不少家長自

己跟我坦承，正在接受身心症的治療。現代人工作壓力大，確實有不少人被憂慮症、躁鬱症纏身。

我曾在學期中遇過久病厭世，吞藥自盡的媽媽；也遇過不小心吸毒過量，人生瞬間結束的家長；也遇過早上好好站在眼前跟老師說話，半夜被警察抓去關的爸爸；也遇過騎摩托車載孩子返家的路上，突然倒地中風的媽媽……。

總歸一句話，和平相處是一天，周旋到底也是一天（不一定，看你功力），你可以選擇想要的解決方式。

畢業紀念冊上我通常會贈言學生：「為自己的人生做決定，為自己的決定負責任。」這句在這裡也適用，分享給你。

你可能會問：為什麼孩子帶那麼多錢來學校？

我就真遇過有孩子帶 6000 元到學校上課，問他為何帶那麼多錢？孩子說：「因為錢放在家裡不安全，會被家人偷走。」

你可能會想：難道帶來教室就不會被偷？

孩子相信班上的同學及老師，勝過相信自己的家人。

人都不完美，何不互相包容與體諒？

家長有時不是真的想怪老師，有時潛意識裡想責怪的人其實是自己（或是伴侶）。但是，因為「表達的道行」不夠，外顯行為不小心變成責怪老師。擦槍走火之下，如果老師真要跟家長「字字計較」，那就真的會沒完沒了。尤其老師口條好、腦袋靈活，家長講不過老師，就會越講越火大。這次講輸，家長就會變成潛伏水下僅露出眼睛和鼻子的鱷魚，趁下次老師出錯，使出致命的一擊。

家長在情緒波動之下，若是聽到老師的用詞「太精準」（如你兒子偷竊），多數家長「玻璃心」會破裂。沒人能承受這麼激烈的用語，就算它是事實。不要把家長當成鋼鐵人，就算媽媽虎背熊腰，爸爸撼天震地，心都是肉做的。

孩子尚在社會化的過程，出生後就是不斷學習的過程，沒有人想闖禍，也沒

有人想惹麻煩，如果可以很乖，孩子當然想當乖小孩；如果可以很優秀，孩子當然也想要優秀。如果孩子很乖不會犯錯，那他就不是小孩子，或者他是生來報恩的。

全天下只有老師這個職業跟爸媽是相同目標，就是：「孩子，我希望你將來比我強，我希望你將來超越我。」既然大家都是同道之人，都是為孩子好，何必背後扯後腿或放暗箭。

不理性的老師，有；不理性的家長，也有。大家都不是聖人。既然不完美的人與不完美的人相處，本來就是難題，何不互相包容與體諒？如果，老師的姿態已經這麼低，低到都貼到地板上，家長還要進攻老師，那麼，這應該就不是老師的人生課題。

▽ 「有情有義」，才是親師關係的終極保證

為什麼要講這些？

現在的親師關係，總是喜歡談理解、談包容、談責任、談信任，卻很少有人談「義氣」，幾乎看不到「有情有義」這樣的字眼了。

什麼才是親師關係裡最有力的保障呢？是巴結嗎？是討好嗎？是利益嗎？

統統不是。

你肯定會問：「那是什麼？」

我會回答：「江湖義氣。」

「有情有義」，才是親師關係的終極保證。「有情有義」的親師關係，才能讓家長給出的「滿腔熱血」不會換回「無動於衷」、「薄情寡義」。「有情有義」的親師關係，才能讓老師給出的「掏心掏肺」不會被誤解扭曲成「狼心狗肺」。

良好的親師溝通，不是要學會不勞而獲，而是要學會如何用義氣交換義氣，以信任交換信任。我一直深信著：親師關係需要包容與理解之外的另一種紐帶，不是孩子，也不是利益與分數，而是肝膽相照的義氣。

一個講義氣的人，他在做任何事之前，會重義輕利，首先考慮會不會傷害到對方，會不會讓對方誤會。如果會傷害對方，如果會讓對方誤會，那就約束自己的言行。這種約束，光靠強迫、威脅或利誘都是沒有用的，只有基於在乎和義氣，自動約束自己的行為。

親師關係之間除了信任，還得有肝膽相照的義氣。這世界上，沒有十全十美的教師與家長，也沒有十全十美的親師關係，那些能安穩度過幾年的和平相處，基本上都充滿了江湖義氣，才能行之遠，行之堅。

你不欺我教學魂，我不負你支持恩。

26

一張數學考卷，
讓孩子陷入天人交戰

　　晨檢長回報孩子們交作業的情況，一位平日會按時交作業的男孩，數學考卷的「訂正」作業缺交！

　　「考卷沒交回，那考卷有給父母簽名嗎？」

　　孩子羞澀搖頭。

　　以老師的教學經驗，只要是 100 分的考卷，幾乎不會有孩子忘記給家長簽名。而且，孩子八成會在放學，跨上爸媽機車的同時，自動「大聲報告」：我今天考 100 分！

　　我心想，八成是分數不夠漂亮，所以沒給家長簽名。

▽ 沒有達到父母要求，連拿出考卷訂正都不敢

　　問了男孩考幾分，孩子尷尬低頭小聲的回答「78 分」。

　　「78 分！那還好啊！」我回答。

　　沒給爸媽簽名，沒關係，我可以理解父母的期待及孩子的擔心，但是，錯誤沒訂正，這就說不過去了，不確實訂正，怎麼知道自己到底學會了沒有？

　　聽我這麼說，男孩急著解釋：「老師，我全部都會，我知道我錯在哪裡。」

「既然都會，怎麼回家沒有訂正？」聽完，孩子的頭又壓低了，面有難色。

「你說都會了，那麼，可以現在完成訂正嗎？」

孩子二話不說接過考卷立刻寫了起來。不一會兒，男孩完成全部的訂正。我一看，果然錯誤之處都改了，正確無誤。細看考卷，大部分都是計算錯誤，問題理解沒有問題。

「你都會呀！為何昨天晚上沒訂正呢？」我很好奇。

以我對孩子的了解，平日乖巧值得信賴的男孩，怎麼會無緣無故不寫功課呢？我眉頭一皺，心底發出疑問，直覺，應該另有隱情。

「沒有……沒有，老師，是我忘了寫功課……。」孩子越是辯解，我越覺得詭異。

「爸媽要求你數學要考幾分？」我一廂情願認為，孩子沒完成功課，應該不是他的問題，我打算追問到底。

「呃……呃……。」孩子支支吾吾。

「數學要考 90 分以上才可以……。」孩子一臉愧疚的窘樣回答我。

「因為沒有達到 90 分，所以，連拿考卷出來『訂正』都不敢，怕會被爸媽看到，是這樣嗎？」我輕輕的問。

孩子聽我講完，點點頭，同時，還大鬆一口氣。

看到男孩大鬆一口氣，彷彿所有藏在內心的負面能量瞬間釋放出來。原來，這才是真正「沒寫功課」的原因，並不是因為偷懶而不想完成老師指派的作業。

壓力盡出，男孩安心的呼吸著沒有壓力的空氣。

記得自己小時候，面對考試，尤其是考得亂七八遭、慘不忍睹的時候，除了愧對老師的諄諄教誨，無力面對父母，更覺得自己非常差勁。

孩子考不到父母的期待時，本身已經很有壓力，為了不讓家長失望，考卷不給爸媽簽名這是常態。但是，現在連在家裡，都不敢正大光明拿出考卷來訂正，如此這般躲躲藏藏，小心翼翼。到學校來，孩子還得要面對老師「為何沒寫功課」的詢問。

孩子因為達不到家長的期待而選擇逃避，之後，面對大人的詢問時，處處得提高警覺，深怕露出馬腳，孩子不但得編織謊言說服師長，還得擔心謊言隨時會

被戳破。

▽ 孩子內心的壓力有多大？

不過是一張數學考卷，孩子為了 78 分，要承受後面的說謊、逃避、被揭穿的風險。一張數學考卷，就可以讓孩子陷入天人交戰，滿頭大汗。

對於數學這一科，很多時候，孩子們都知道怎麼解題，但是，偏偏計算不如人意。不是這裡加錯，就是那裡減錯；一會兒少看了這個，一下又多看了那個。這裡錯一點，那裡錯一點，就這樣失分掉到 80 分以下，也算是家常便飯。所以，78 分，應該還不至於上不了檯面。

身為高年級導師，最常在剛升上五年級初的教學現場，看到數學考「90 幾分」而哭泣的孩子。

「考 94 分，很不錯，怎麼哭了？」我問。

「因為沒有考 100 分！」孩子傷心到說不出話，哭得上氣不接下氣，旁邊故友（中年級同班）幫忙回答。

高年級的數學，當然不比中年級的程度，課程漸趨變難是事實。以前低、中年級時，父母大多還有能力自己教，但是到了高年級，難度提升，父母有時間、有能力繼續自己教的不多。

尤其現在的數學，和父母小時候學的解法不同。老師在學校教一套，爸媽在家裡教另一套，兩種教法，不但沒有幫助孩子，孩子反而因為新舊衝突，非但沒學會，還更霧煞煞。

所以，多數家長放手讓孩子自己學習，要不就送到安親班、補習班。再加上父母忙於工作，大多以分數來看孩子有沒有用功，卻往往忽略了考卷其實也有難易度的差別，沒有時間陪伴及理解學習過程，定下標準後就等著看分數。

若是父母繼續用低、中年級的標準來要求孩子，認為要考 100 分，或是接近100 分，可能只會讓自己及孩子壓力更大。

家長絕對希望孩子考好，孩子又何嘗不希望自己考好？面對孩子的成績，父母該做的絕對不是責備。

人生所有成長，都需要用時間來換。人性是趨吉避凶，最怕是逃過了這次，

下次還會延用這招，父母永遠不會知道真相到底是什麼，若是無法適時對孩子伸出援手，這才是最危險的。

　　考壞了，怎麼辦？只要孩子虛心受教，跌跤一次真的不算什麼，考不到理想的分數，正好告訴自己這裡還沒學會，只要確實檢討，再多加油。

　　好的改變，值得等待。對學習者而言，確實學會，是比「分數」更重要的事！

27

你當然愛孩子，
但孩子知道嗎？

　　五年級剛開學，家長的 LINE 資料陸續建製完工後，我開始傳 LINE 與家長互動，除了分享孩子課堂上學習的情形外，也讓家長了解班級如何運作。現代的孩子，一早踏進教室，四點放學後去安親班、補習班。升上高年級，不少孩子是七、八點才回到家，比爸媽下班的時間還晚。

　　就我所知，班上還有一位孩子因為父母生病，無人接送，還是十點跟著安親班老師一起下班，由老師開車送回家。

▽ 孩子被老師讚美，家長反而嚇一跳？

　　孩子晚上回家與父母相處的時間很有限，多數的家長其實並不清楚孩子在學校的表現。所以，為了拉近親師生的距離，我會用 LINE 與家長互動。當然，為了維持良性的溝通，我總是以「報佳音」的方式互動，報喜不報憂，我可不希望家長一看到老師傳來的訊息就全身緊繃、血壓飆高。

　　除了分享孩子的上課照片及學習成果，更重要的是，每次看到孩子比昨天更進步一些些，比昨天又更突破過去的自己，比昨天又更有勇氣接受新的嘗試與挑戰，比昨天又更增添創意的點子，身為教師，看到孩子們個個想要破繭而出，想要闖出自己的一片天時，這種喜悅與感動哪能「獨享」？

　　若不趕緊分享給家長，讓家長也同步感受到孩子成長的喜悅及學習的進步，老師我可是會「內傷」的啊！

　　從過去班級經營的經驗累積，我已經很習慣家長在接到老師傳遞「學習喜訊」時的回應。上班忙碌中的家長，看完 LINE 後，快速貼個讚美的圖鼓勵一番。有時間回應的家長，就多打幾個字，簡單謝謝老師的稱讚與教導。也有時候，家長完全沒時間看，但在下班時間充裕後，會與老師分享孩子學習的心得，甚至加碼告訴老師孩子的興趣與生活，讓我更快速了解孩子，也從中得知家長的教養態度。

　　這次，新接的五年級班級，我一樣採用 LINE 群組的方式與家長互動，不同的是，家長看完我的「報佳音 LINE」後的反應，讓我有點吃驚！

　　為什麼？因為我習以為常的家長反應不見了！

　　過去常見的留言如「謝謝老師的稱讚」，已被「真的？假的？」、「不可思議，難以置信」等文字取代。甚至，家長看完老師讚美孩子的留言後，立刻打電話來，問我「這是怎麼一回事兒？」

　　孩子在班上有好表現，家長應該高興都來不及，對於「不可思議、難以置信」的懷疑態度，我感到很好奇。

　　我私下問孩子：「爸媽怎麼會懷疑老師對你的讚美，難道，你在家從來沒被誇獎過？」

　　孩子跳起來大叫：「吼喔～我每天不要被爸媽罵就要偷笑了……。」

　　打電話來詢問的家長，甚至覺得「很反常」，想問清楚是怎麼一回事！

　　倒是我，被這些「反應」驚嚇。難道，家長不認為自家的孩子會有好表現？還是，家長總是用「最高標準」來看待自己的孩子，認為有做好是本分，沒什麼值得稱讚，沒做好就不應該，準備開罵？

　　五年級的孩子，不過是 10 或 11 歲的孩子，還是個正在努力學習及成長中的小樹苗。如果學習的過程中有爸媽的支持與鼓勵，相信他們會更有動力及勇氣去探索未知的世界。畢竟，父母在這階段是他們最重要，也最在乎的人。

　　想起曾有個女孩在日記上寫著，以前中年級時對讀書無心，從未考過前十名，只知名次大多落在班級中後段，自覺無所謂。父母離異後，讓她變得敏感、孤僻又自卑，好像錯誤都是自己造成的，生命沒有目標。升上高年級後，在老師的循

循善誘之下，覺得要重新振作並把握時間，便開始用心努力準備考試，每天晚上讀得意猶未盡，連睡覺都捨不得。認真拼了一段時間，期中考的名次公告，女孩一下子衝上第七名，把一直保持在前七的孩子擠下排行榜，女孩變成大家口中的黑馬，自己也驚喜不已。

晨會升旗臺上接受校長頒獎時，女孩臉色紅潤，眼中閃耀著興奮的光芒，這是她人生第一次站上頒獎臺，我可以想見，她一定迫不及待與家長分享這份榮耀。

隔天，我問了女孩回家後的事。昨天眼神還閃著鑽石燦光的她，今天胸次懨懨，憋悶的說：「爸爸面無表情，說我又沒考進前五名，有什麼好得意，要我下次考個前五名來看看再來說嘴！」講完，女孩早已魂魄離身，情懷冗冗，心緒悠悠，氣若游絲的飄走了，留下瞠目驚愕的我。

爸爸的言語，衝擊女孩的心，也打擊老師的心。入小學以來成績最亮眼的一次，只因為爸爸的一句話，讓完全沒有補習及課後安親班的她，學習熱情頓時灰飛煙滅，那覆巢之下剛建立起來的卑微信心，也搖搖欲墜。

面對這樣一個感情與信心瀕臨破碎的女孩，為師的我，該如何才能讓她絕處逢生？

▽ 為父為母難，為師更難！

無獨有偶，某次，批閱日記時，見到原本文筆生澀，很難完整表述自己想法的女孩，對我在班級和其他孩子討論半天卻仍然無解的問題，提出了獨特的見解。更驚喜的是，她大幅度進步的流暢文筆，令我雀躍不已。開學沒多久，寫作訓練就頗見成效，連我也開心起來。

抱持著孩子進步就要與家長分享的行動力，馬上拍照傳喜訊告訴爸爸，女孩的文筆正在穩定進步，這段時間的筆耕墨耘，打破了黑暗，看見天上閃爍的星星。

爸爸看完後，傳來了他的語重心長：「都五年級了，她還不會用成語，該怎麼辦？」原本，高興得血脈賁張的我，看到「還不會用成語」，我的心瞬間絕望到了冰點，掉進冰河。熱情如我都被擊敗，那孩子該怎麼辦？

親愛的爸媽，難道你們以前讀書時，個個都是品學兼優的模範生嗎？難道一定要有「光耀門楣」的成就，才值得被誇讚嗎？

老子說：「九層之臺，起於累土；千里之行，始於足下。」要建百丈高樓，

6 I 溝通力 I 233

不先打好地基是不行的。要有長足的進步，也得從一小步、一小步逐步開始累積。想要改變未來，從現在開始。改變現在，就是創造未來。

父母深愛孩子，望子成龍，望女成鳳的心態可以理解。但是，要求嚴苛，想收立竿見影之效，對於孩子眼前的進步視而不見，沒有開心，也沒有鼓勵，反而設立了一個更高的標準希望孩子達到，爸媽是把孩子當成「鋼鐵人」來對待嗎？

孩子少了最強而有力的臂膀支持，又接收到爸媽無論如何都不滿意的眼神，爸媽不但錯失與孩子共享進步的喜悅，也摧毀了孩子好不容易建立的學習熱忱與信心。哪個父母不愛自己的孩子？就是因為太愛了才會求好心切。

班親會上，我請求家長與老師配合，每當收到我的肯定讚美 LINE 時，就是我「作球」給家長的機會，老師這麼認真作球，爸媽不但要接球，還要給孩子一個正面的回應，告訴孩子，「看到你的進步，非常開心」。

班級家長要如何互相提拔別人家的孩子呢？具體的讚美就是最好的鼓勵，誰不愛被誇獎呢？如果能優秀，誰不要優秀？你家的孩子乖了，他家的孩子認真了，大家都積極進取，班級學習氛圍好，還需要擔心孩子變壞嗎？

一位媽媽告訴我，她將我對孩子的「肯定讚美 LINE」拿給孩子看，想看看孩子的反應。孩子拿起手機，往下看見媽媽的誇讚，媽媽滿心歡喜的說：「孩子高興的尾椎都翹起來了！」

媽媽非常感謝因為老師在班親會上的提點，讓她知道家長與老師的聯手誇讚，可以鼓勵孩子，加上媽媽又美言不少，讓孩子充滿信心，孩子更想力求好的表現。媽媽看見孩子被老師誇讚備感欣慰，孩子知道自己被大人肯定也很高興，親師生一起共享成長的喜悅，何樂而不為？

你當然愛孩子，但孩子知道你愛他嗎？愛孩子，就應該讓孩子知道你愛他。

28

你正在摧毀
孩子的興趣與天賦而不自知

友人寄來某位媽媽臉書發文的截圖，截圖內容是，她帶孩子去參加寫生比賽，到了現場，看到比賽前大家準備的過程，再看到比賽中、比賽後的情況，忍不住上臉書抱怨。原本她認為早到的參賽者，先選走了風景美的地方，擺好畫架，坐下來練習，心裡雖不高興，但沒計較，畢竟早起的鳥兒有蟲吃。

接著，看到參賽的小朋友，拿出事先畫好「同位置」的「草稿」出來看，雖然覺得不妥，但是，也勉強接受。只是沒想到，許多孩子現場報名，領取完比賽「專用畫紙」後，竟然……消失神隱了。等到比賽時間結束，主辦單位開始收畫作的那一刻，神隱的孩子突然湧入交件處。

▽ 小學畫畫比賽的震撼

後來才知，原來那些神隱他處的孩子，在拿到比賽專用畫紙後，家長馬上帶離，前往孩子所屬的畫室畫圖，不但有專業老師的指導，甚至還有大人代筆。

這位媽媽非常震驚，因為簡章上明明寫著「不可以離開寫生規定的場合」，但是，大人視若無睹，置之不理。

媽媽事後打聽，才知道這種陋習，早已行之多年，見怪不怪。

　　聽聞此事，想起自己國小第一次參加學校畫畫比賽的往事。「交通安全漫畫」比賽，在偌大的教師辦公室裡舉行，我被分配坐在某位老師的辦公桌，心情緊張得不得了。三年級的我，個頭非常小，老師辦公桌桌椅的高度落差太大，讓我坐也不是，站也不是，我的手很難使勁畫圖。比賽中，眼角瞄到大家都聚精會神的畫畫，我發現我的進度嚴重落後。看著時間一分一秒的流逝，內心緊張到快吸不到空氣。

　　我拼命塗色，額頭不斷冒出豆大般的汗珠。畫到快接近尾聲時，突然瞄到旁邊參賽者轉身一個大動作。她從椅背上的手提袋，拿出一捲畫，當她把那捲畫攤開在桌面上時，竟然是一張已經畫好 95%、精采逼人的交通安全漫畫圖。驚見這一幕，小小年紀的我是驚愕不已，但她若無其事的，再把原本畫得不怎麼樣的原圖捲好，慢條斯理的收進手提袋。

　　她異常淡定，氣定神閒的把剩下的 5% 畫完。看到那張近乎完美的作品，再對照自己粗糙簡陋的爛作，我從驚魂未定到完全自亂陣腳，不但手抖到無法專心握筆，心臟砰砰砰砰的就要衝破肋骨了。

　　不意外的，她得了第一名。

　　豔陽高照，我站在升旗臺下，跟大家一起拍手鼓掌。

　　國小三年級的我，老師要我參賽，我就老老實實現場畫圖。我知道我畫得不怎麼樣，加上最後臨危大亂，沒得獎是正常。但是，為什麼她這一招可以順利過關，甚至得獎，至今我仍然想不通。

　　每年決選「全國學生美術比賽」送件作品時，幾次評審下來，發現只要從構圖、線條、用色、主題等，一眼就可以看出是哪一間才藝班的風格，屢試不爽。

　　《不太乖世代》的作者蘇仰志提到：「我有一個學生，到臺北一家『生意非常好』的才藝中心應徵老師。他告訴我，原本以為要在課堂上教學，結果不是，他們把他帶到一個房間，裡面有兩個老師正在修改小朋友已經畫好的畫，他是第三位改畫老師。他的工作居然是修改學生參賽的作品。他曾經親耳聽到小朋友跟媽媽說：『媽，這不是我畫的，我畫的不是這樣。』媽媽卻冷靜回答：『那就是你畫的！』」

▽ 為了得獎，不擇手段

父母繳了錢，送孩子去才藝班，彷彿所有寄託都放在才藝班老師身上，期待孩子能「一夜長大」。要是金榜沒名，家長就不送孩子來，才藝班壓力就大了。

只是，為了得獎，不擇手段，讓孩子一起參與作假，意義何在？

教學現場曾見過，每每繪畫類送件都得獎的學生，在課堂上的繪畫表現及創造力，竟然平庸無奇，甚至，班上隨便一位孩子都可以超越他。我鼓勵這位比賽常勝軍，希望他在課堂上盡情發揮天分，孩子卻意興闌珊丟下一句：「我現在不想畫，去才藝班時我就會畫，那裡的老師會幫我。週三我會去才藝班，作業週四再交給老師。」

得獎雖然嘗到甜頭，但大人代勞過多，美化過度，孩子在學校露手，很快就會被老師及同學識破。獲獎的孩子身上背負著光環，下一次的比賽豈可敗北？要不希望大人繼續操刀，贏得名次；要不乾脆退縮放棄，證明不是自己能力不好，而是「我沒參加而已」，最後落得沒有自信而裹足不前，得不償失。

若不是真的愛畫畫、會創作，這個獎，得來又有何意義？獎項如果只是用來光耀門楣的工具，恐怕也賠上孩子原本愛藝術的初心。

一件事只要真心喜歡，不用人催促，孩子也會廢寢忘食的去做，那原始動機非常單純，就是喜歡，就是愛，發自內心的享受。

一個喜愛畫畫的孩子，從繪畫的過程中就能得到自我滿足，當目標完成，帶來快樂感覺的神經傳導物質多巴胺會大量分泌，令人欣喜莫名。同時，也讓達成目標的那個繪畫行為的神經迴路連結得更緊，這種正向的回饋，遠比倚賴他人得來的獎狀還有意義。

得獎，就代表比較優越嗎？有意義的應該是「參與」，是名次背後長時間的努力與付出，而不是作假得來病態的獲勝。

29

回家作業
與安親班的拉鋸戰

928教師節，學生來祝我教師節快樂，連帶要求我回家功課少出一些，甚至「不要有功課！」我問為什麼，孩子眼彎彎笑瞇瞇的說：「因為教師節啊！今天週五，老師不要派功課，下週一老師就不用改作業，慶祝教師節耶，這樣老師就不會太辛苦！」

「是這樣子嗎？」我挑眉瞄了孩子們，孩子知道詭計被老師識破了，換使苦肉計。「老師，週五你出的功課，不管幾項，我們都要在安親班寫完才能回家啊！」孩子哀怨的說。

在安親班用「想像」寫日記

「老師，功課寫完，還要寫安親班的評量好幾張，我們很晚才能『下班』（安親班）……。」

我很不解：「週五功課只多一項日記，是考量遇到『週末』，讓你們週末自己妥善安排時間完成。週五晚上若是沒有完成，還有週六、日兩天自由調整，不是嗎？另外，日記不限字數，可以分散在週六、日，慢慢構思，好好醞釀，不用全部擠在週五晚上拼完啊！」

孩子大聲哀訴：「我也想慢慢寫啊，但是不行！安親班老師說一定要『全部寫完』才能回家……。」

「我媽媽也說，功課如果沒有在安親班寫完，就不能去逛百貨公司……。」另一個孩子也來唉叫。

「老師你不知道喔！寫完功課，安親班老師還會派其他的數學評量卷要寫，我們很忙耶！一直寫寫寫寫寫……。」臺下一片哀鴻遍野。

聽完，換我感到好奇了，短時間這樣拼命趕著寫完所有功課，將原本可以自由分散在週五、六、日時間的作業量，壓縮到週五放學後短時間全部完成，這之中還要再寫安親班出的數學及其他評量，除了精神壓力大，學習成效應該也不好！

況且，剛升五年級，在寫作能力尚未成熟之際，日記這項功課，恐怕是想快，也快不起來，構思總是要花時間的啊！越需要練習的能力，哪是短短時間就練就得成功呢？

不禁想起之前，適逢中秋假期遇四天連假，當中有一項日記〈中秋記趣〉，請孩子書寫中秋節的趣事。如果，〈中秋記趣〉一定要提早在安親班「下班前」完成，中秋節都還沒登場，文章要怎麼生出來？

「之前的〈中秋記趣〉，你們是在安親班寫完的嗎？」我好奇的問。

「當然啊！功課都要在安親班『全部寫完』才能回家啊！」孩子滿肚委屈要爆發。

「可是，中秋節都還沒到，月沒賞，肉沒烤，人、事、時、地、物都還沒發生，你們的〈中秋記趣〉怎麼在安親班寫？」我又問。

「啊就是安親班老師會幫我們『編出』一些人或事，東拼西湊，不然功課怎麼來得及寫完！」孩子一副「有什麼好大驚小怪」的表情。

聽完，我開始回想孩子們的文章，那些看來頗富樂趣的〈中秋記趣〉，難道是安親班和小孩「無中生有」的劇情嗎？原本我是盤算，藉由中秋節家庭活動，讓孩子將歡度佳節的體驗，轉換為文字記錄下來，畢竟親身體會過，寫來最有感覺，也是練文筆的大好時機。沒想到，為了在「回家前」要完成「所有功課」，孩子提早用「想像的方式」過完了中秋節，寫完日記。

▽ 追求「速效」與「績效」，出現「旁門左道」

「老師，你小時候沒有去安親班喔？」孩子們問。

我愣了一下，咦？我記得小學放學，就是直接回家，沒聽過有誰去安親班……那年代，好像沒有安親班。

「吼！老師就是沒上過安親班，所以才不知道我們很辛苦！安親班有很多數學評量要寫，一次幾百題啊！」旁邊沒參加安親班的孩子們，聽完有了驚人的發現，露出不可思議的表情。

記得小時候，同學的媽媽很多都是家庭主婦，功課在家寫是很正常的事。但是，現在幾乎都是雙薪家庭，孩子放學了，爸媽還在上班，所以，為了因應雙薪家庭監護人無法適時照顧的情況下，安親班應運而生，安親班可說是社會變遷下形成的時代產物，除了安置學童外，也協助孩子完成學校作業。

「如果你們週五安親班下班前『拼完全部作業』，那週六、日兩天的時間都在做什麼？」我問。

「當然就是滑手機啊！只要寫完功課，爸媽就不管我。」一位孩子說。

「看電視啊！或跟爸媽出去玩，有吃又有喝！」另一位回答。

「所以，週五安親班拼完功課，週末你們就自由了，對嗎？」我問。

「對啊！對啊！所以，老師你不要出功課，安親班還要寫數學評量，這樣我們會很累，拜託拜託嘛……。」哀求聲從四面八方湧來。

聽完，我陷入深思，週五放學後，以十萬火急的方式在緊湊的時間內趕寫功課，寫完學校功課，又要寫安親班的數學評量，這樣過度學習，消化不良；然後，週六、日兩天卻「瑩瑩美代子」，閒到可以用來滑手機、打電動，這樣的「學習與休閒」平衡嗎？這樣是妥善運用課餘時間嗎？

為了「速成」，回頭向老師要求功課越少越好，最好不要有功課；「未來式」的〈中秋記趣〉日記可以馬上變成「想像式」，大人與孩子為了追求「速效」與「績效」，轉而出現「旁門左道」。

我們是不是正在為孩子示範何謂「上有政策，下有對策」，為了達到「成效」可以不擇手段，不管學習的過程如何，不管進程是否真切踏實？

▽ 別讓安親班變成「替代親職」

安親班一班二、三十人，學生來自不同學校、不同年段、不同班級、程度不一，每班導師派的回家功課不盡相同，要在每位孩子回家前，搞定所有孩子五花八門的作業，可想而知有多難。

孩子升上高年級後，功課難度增加，多數家長沒有能力及時間指導孩子，花錢期盼安親班老師能「化腐朽為神奇」。班上孩子的作業上出現紅字，聯絡簿上出現缺交留言，考試成績下降，家長就唯安親班老師是問，甚至聽過分數低於80分，就要去安親班「拆招牌」的也有。

只是，家長是否想過，在這麼「有限的時間內」，要嚴格控管好孩子寫作業的時間及考試的分數，還要加寫安親班派出的數學等各項評量，這樣大量的寫寫寫，作業的「品質」能否兼顧？

寫到這裡，不禁為安親班老師及孩子們掬一把同情淚。在「內憂外患」下，孩子只好在家長與安親班師長高度期待下，夾縫中求生存，沒時間思考、查字典、找資料的，看好就直接抄，資料印好就直接拿回當作業，因為「情勢緊迫」只能一切速成，日記等不及中秋節到來就先「自導自演」。

在教學現場，我觀察到一個現象，那些長久在安親班的孩子，孩子課後的學習，全交由安親班老師一手包辦，學校功課寫完，安親班老師看明天考哪一科，就發那一科的練習卷。若是沒有考試，安親班老師就出數學或其他卷子讓孩子寫。

孩子「被動式」的學習態度，等著聽令安排，一項接一項，長久下來，孩子習慣安親班老師安排寫完功課後的作息。一切習慣大人的安排與指令，無法有自己的安排與想法，這樣之下，孩子實在很難發展出自主規劃、主動學習的態度。

家長見孩子一週五天，每天都很晚「下班」，心疼孩子太辛苦，週末就讓孩子「痛快休息到底」，什麼都不做，滑手機滑整天。怎麼「學習的責任」，好像變成安親班老師的肩頭重擔？家長的功能，難道只剩下簽名？

這種「壓縮式的學習」，可以看出安親班老師有多難為，家長的思考方向多詭異。孩子上國中後沒有安親班老師在後面一個口令、一步驟的盯梢，他們的學習該怎麼辦？

　　在這學習責任被「過度外包」的年代，父母應該思考如何與學校老師、安親班、家庭生活做好妥善的連結，畢竟孩子是自己的，請帶孩子一起學會有效運用時間，安排自主學習及探索的能力，孩子的生活能力才能更加完備，千萬別讓安親班變成「替代親職」了。

30

不知道沒關係，
打電話問老師最快？

　　五年級接新班，開學沒多久，每天晚上，都會接到媽媽詢問功課的電話。媽媽問：「老師，不好意思，請問這學習單是要怎麼寫？」我聽完心想，大概是有心的媽媽想要參與孩子的學習，想知道學習單的正確寫法，好在家指導孩子。

▽ 家長連環 CALL，啟人疑竇

　　對於親子共學，陪伴孩子成長，相信是許多家長的夢想。無奈的是，上班一整天，下班都已經快累趴了，許多家長還要利用僅存的一口氣，在塞車車流中繼續透支生命。對於這樣拼命又努力養育下一代的媽媽，我很是敬佩。於是，我非常詳細的為媽媽解說學習單的寫法，及學習單設計的用意。

　　媽媽聽完後心花怒放，直誇讚這樣的教學真的很靈活，連她都上了一課。

　　講完後，媽媽不免抱怨，為什麼以前讀書都是「背多分」，從來沒享受過學習的樂趣。雖然電話講了快半小時，但是，能為家長解惑，我也很開心。

　　第二天晚上，又接到媽媽的電話：「老師，不好意思，又來打擾您，請問一下，這個閱讀闖關是要怎麼闖？」我心想，閱讀闖關是小一入學就開始進行的活動，難道小一到小四，孩子都沒闖過喜閱網？還是，他們是中途轉入的學生？

　　因為剛開學，親師生都不熟，與其問東問西，衍生更多無關的話題，倒不如快快說明闖關的方式。三十分鐘後，媽媽聽懂後，大讚有這麼棒的閱讀系統，又得知可以從班上借書回家，更是開心。

　　隔天，我特別進了學籍系統查詢，發現孩子並不是轉學生，從以前到現在，所有活動，包括閱讀闖關，孩子一樣都沒少參與過。

　　第三天，我決定在抄寫聯絡簿時，詳細說明每項作業的內容及寫法（雖然已經講過兩百遍了）。

　　我猜想，作業在學校已經講解得這麼清楚了，今晚，應該不會再接到家長的電話！沒想到，晚上同一時間，LINE 電話鈴響，傳來熟悉的聲音：「老師，不好意思呐！每天都來打擾老師。請問，那個……那個英文作業是哪一天要交？是明天嗎？」

　　「啊！英文作業是哪一天要交？」

　　英文不是我教的，我根本不知道！科任老師課堂上派作業，孩子應該知道何時交作業才對啊！

　　連續幾天的電話，我心想：

　　這件事不解決，媽媽每晚都要打電話，老師每晚上都要複誦班上講過的事。

　　這件事不解決，孩子在校過度依賴小組同學，五年級了，一定要獨立才行。

　　這件事不解決，戶外教學及畢業旅行，媽媽最好一起帶去，免得孩子漏聽重要訊息，走錯路，上錯車。

▽ 重點在於「過程」，不是「速成」

　　這一次，我改問媽媽：「請問媽媽，孩子已經回到家了嗎？」

　　媽媽：「早就回來了啊！怎麼了呢？」

　　我問：「請問，孩子在媽媽身邊嗎？」

　　媽媽：「在啊！他在我旁邊啊！啊……怎麼了嗎？」

　　我輕輕的問：「請問，媽媽有問孩子，英文作業什麼時候要交嗎？」

　　聽完老師的問題，媽媽先是「呃」一聲，然後，沒有對答的空氣如此凝結，世界彷彿暫停幾秒鐘。

「我⋯⋯我⋯⋯沒問他。」媽媽乾笑幾聲，不好意思的說。

「媽媽怎麼不先問孩子呢？」我問。

「呃⋯⋯因為⋯⋯以前問他，他都說『不知道、忘記了』，所以⋯⋯」，聽得出媽媽略顯無奈，「所以⋯⋯想說直接問老師比較快。」媽媽尷尬的說。

「以前是中年級，現在五年級，孩子的表達與理解力應該進步許多，晉如老師在教室講解得很清楚，媽媽可以試著問問孩子，看看孩子記得多少。」我建議媽媽。

「我上次問他，他就回我『不知道，忘記了』，實在是⋯⋯。」電話那頭媽媽叫了起來。

職業婦女與其跟孩子耗時間，問東問西，問不出什麼結果，也得不到好口氣、好臉色，打電話問老師，確實是最速效的方式。但是，教養孩子學習生活的各項能力，重點在於「過程」，不是「速成」啊！

長久以來，孩子為了避免挑戰，或是自己省事，透過依賴，讓媽媽承擔孩子不願承擔的責任和壓力，只要一通電話，媽媽問到想要的答案，問題解決後，就沒再細想「全班孩子都知道的事，為什麼就我家小孩不知道？」

媽媽一手包辦孩子在學校「應注意而未注意」的事，晚上打電話問老師，孩子理所當然「該注意就不需要注意」了。

幾年下來，孩子養成「不專注」的生活態度，隨著年級增長，要關注的事情及課業只會越趨繁多，「業務量」爆增，升國中、高中、大學後，媽媽還幫得完嗎？

家長如果沒有認知到這塊「生活盲區」，孩子往往也不會發現，就更別說要靠自己獨立解決問題。在這種情況成長的孩子，或許一輩子都生活在家長的影子之下，難以超越父母。

▽ 過度插手，讓孩子失去成長的機會

我建議媽媽，打電話給老師前，先問孩子，讓孩子回想所有細節，課堂上老師說過什麼，試著讓孩子說出自己知道的部分，不要因為沒有耐心、覺得孩子還小、擔心孩子能力不足而越俎代庖，插手太多，過度急救，孩子終會失去成長的

機會與生活自理的能力。

家長也應該與孩子建立起規則，讓孩子學會為自己的課業負責，孩子的賴皮、懶散與過度依賴，往往也與父母的規定執行不嚴格有關，讓孩子有機可乘。父母應該積極參與孩子的學習過程，但如果變成全權打理，讓孩子躺在父母的關愛中享受，只會滋生依賴，離開爸媽，將寸步難行。

人格的養成與成長的學習，需要時間細熬慢燉，不能因為省時便利，剝奪孩子學習的權利。就像等待毛毛蟲蛻變成美麗的蝴蝶一樣，這是成長必經過程。如果現在急不可耐，那麼未來「報復性災難」必將令人心急如焚。

班務雜事之多，每天雞毛蒜皮之事層出不窮，
如何冷靜以對、抽絲剝繭、明辨是非，
是教師最大的修煉。
多冷靜兩分鐘，轉化態度與想法，
孩子能得到理解、老師也獲得信任與尊重。

覺知力：

第七章

接納是轉化的開始

值日生：

31
對不起，
是老師的錯！

　　早自修時間批改數學作業，有三位孩子同時少寫一頁作業。我很納悶，之前抄寫聯絡簿時，還特別叮嚀總共要寫三頁，怎麼不約而同都漏寫一頁？令我訝異的是，其中一位還是對自己要求甚嚴，名列前茅的乖孩子。她怎麼也會少寫一頁？

▽ 老師的疑惑，引來女孩的眼淚

　　因為這次數學的作業題數不多，大部分都是圖形辨識等簡單題目，且不少題目已經在課堂上同步完成，所以，只要把剩下未寫的完成即可。將作業簿發還給這三位孩子補寫前，我再次詢問了座位離我最近的孩子：「老師是派『三頁』的數學作業，對嗎？」班務如麻，有時自己都忘記出什麼功課。「對喔！」和孩子確認後，我便喚這三位孩子前來領回作業簿。

　　這三位孩子來領回作業簿時，臉上一副「咦，怎麼會這樣？」不可思議的窘態。看到這三位疑惑的表情，我也疑惑了，「咦咦？難道，我剛問錯人了嗎？」

　　老師每天在班上有忙不完的事，加上批改的是「前天」的作業，我已經記不清楚當時的事，所以，馬上又借了其他孩子的聯絡簿，再確認一次。一看，聯絡

簿上當天抄寫的功課的確是數學「三頁」無誤。三個人的確都少寫一頁，確定兩次沒錯，本子一一發還。

發還給最後一位孩子，也就是品學兼優的女孩時，我語帶疑惑的問她：「咦？你怎麼會少寫一頁？」雖然我語氣平和，沒有責怪的意思，平常孩子也知道，老師從來不生氣，但是，自我要求極高的女孩，眼淚早已撲簌簌流下來。

雖然我極力安撫她說：「沒關係，沒關係的，老師不會生氣，你知道的，只剩幾題，馬上就可以寫完。」女孩只是哭泣著，一句話也沒說。回座後，她又哭了一會兒。利用下課時間，女孩補寫完了，她將數學作業簿交給我批改時，呢喃了些什麼……。

「你說什麼？」太小聲了，我伸長耳朵，請她再說一次。

她眼眶泛淚緩緩吐出：「老師，我那天中午『請假』回家，早上我來問功課，你跟我說數學『寫兩頁』就好……。」還沒說完，又嚶嚶啜泣起來。

我怔了一下，咦？她請假回家？

這陣子，每天都有孩子不同時段請假離校，有的看完病又返校，有的直接回家，來來去去。她有請假嗎？我在腦中快速回想。

女孩哽咽繼續說：「早上我報告老師中午要請假的事，您跟我說數學先寫『兩頁』就好，如果下午抄聯絡簿時『有再改變的話』，我還是以兩頁為主，之後缺的，有空再補寫……。」話未完，眼淚又掉下來。

「下午抄聯絡簿時『有再改變的話』……。」哦喔！這的確是我常用的臺詞。哇！她請假的事，我竟然完完全全忘光光！班務雜事之多，每天雞毛蒜皮之事層出不窮，老師健忘的情形也跟著暴增。

「你怎麼不早說？」我心疼的問她，並對自己罹患失憶感到抱歉。

聽完我的話，女孩淚如泉湧，泣不成聲，彷彿將一肚子委屈全部釋放。這位平常安靜得出奇的女孩，靜到大家總會不自覺的把她忽略，她的安靜是她最自在的存在方式。但早自修時，全班都聽到她漏寫一頁的事了，當她和沒寫完作業的孩子，站在我的桌邊領回本子，我可以想像，一向嚴以律己、凡是將功課牢記在心的她，從安靜的一方，突然站到眾人前，對她內向的個性而言，無疑是個打擊。

雖然少寫幾題，對某些孩子來說，根本小事一樁，小菜一碟。但聽到她的哭

聲，她的無辜，她的委屈……，我彷彿搭乘時光機回到國小，回到自己小學六年級的時候，看到被導師誤會而遭受責難的眼神。當時雖然老師訓問我多次，我對誤會也據實說明，但是，仍遭到老師無情的否認。當年的那一幕，歷歷在目。老師始終沒有還我清白，導致我鬱鬱寡歡，常常覺得同學看我的眼神充滿異樣，令人惶惶不安，連空氣中都瀰漫著窒息的氛圍。這是一個傷痛的痕跡。

▽ 還孩子清白，拿起麥克風勇於道歉

她的哭聲，引來孩子們好奇的眼光，大家都轉過頭來瞧著。基於自己國小的「傷疤」，我了解這種「不對等」的上下關係，孩子通常會成為啞口無言的一方。所以，我得趕緊恢復她的名譽才行。

恢復女孩的名譽，該怎麼做呢？

誠心誠意的與孩子道歉，心地善良的她，絕對會原諒老師的健忘。但是，她站著，老師坐著，開口說「對不起」，可能只有我們兩人聽到。早自修時，全班都聽到她少寫一頁的事，這樣的道歉似乎不妥。既然要還孩子清白，應該要讓大家都知道才行。

於是，我起身拿起麥克風，大動作喚醒全班注意，告訴孩子們，我要說件很重要的事：「一定是晉如老師老人癡呆了，我竟然忘記○○那天請假回家，老師跟她說數學功課寫兩頁就好，偏偏幾天後才改到這批作業，老師已經完全忘記這件事了，還以為是○○少寫一頁。這下子誤會大了，這完完全全是老師的錯，所以，晉如老師要向○○道歉。」

言畢，我用麥克風對著她及全班說：「對不起，是晉如老師癡呆了，是老師的錯。」

聽完我的話，她破涕為笑。我熱情伸出雙手：「都是老師的錯，來抱一下。」擁抱女孩的同一時間，我感覺到兩隻溫燙的小手，貼在我的背骨。原來，女孩也抱著我。霎時，有一股暖流，迅速通過全身。

「第一次見到老師向小朋友道歉耶！」男孩說。

「老師也是人，不是神啊！當然也會有糊塗的時候！」

說實在的，老師每天要做的雜事那麼多，忘記小細節，簡直是家常便飯。古

人說：「惡人之心無過，常人之心知過，賢人之心改過，聖人之心寡過。」就算是「聖人」也是「寡過」，不是無過。老師是凡人，又不是當了老師，就變成「聖人」！尤其「人非聖賢，孰能無過」，就算是聖賢，也難免有過錯。

在學校，除了關照好孩子的學業，許多時候，我更在乎孩子的「內在感受」。因為老師和孩子的關係是否和諧，相處是否愉快，都深刻影響著孩子的情緒。孩子的情緒，又牽引著他的學習，更直接影響到孩子對學習的熱情。

如果，孩子不喜歡他的老師，那他幾乎不可能把老師教的知識學好，和老師的信任關係也無法建立起來。老師上課時，看到孩子愁眉苦臉，恐怕也無法好好上課。

想到影響如此深遠，說「對不起」這三個字，相對簡單又輕鬆多了。

說完「對不起」後，我如釋重負。女孩看起來非常的愉快輕鬆，在接下來的課程中，恢復了她一向的積極與認真。

陽光，從雲層穿過，留下絲絲溫暖。今天，又是一個全新、美好的一天。

32

恐懼教育，
把教室變地獄

「上課中你喝什麼水！」一聲急促又尖銳的喝斥聲，劃破寧靜的課堂。吼聲一出，原本快要昏睡的我，嚇得立刻瞠目坐穩，繃緊神經。老師的怒吼聲，像是聖母峰突發激烈雪崩，以時速兩百公里的冰崩速度，衝擊臺下的我們。噬骨寒冰席捲而來，我們瞬間結冰，接著聽見空氣凝結的聲音。

威權管教，把教室變地獄

「誰喝水？」在敵我不明的情況下，無人敢輕舉妄動，免得惹出新的麻煩。

「是誰這麼想不開，竟敢在上課中喝水？」

坐在臺下的我，猜想著是誰被罵，但是，肅殺空氣中，脖子僵凍不能轉，只好用眼球，水平掃射左右可視範圍內的鄰座同學。眼角餘光，瞄到前座同學紛紛轉過頭來，我小心翼翼緩慢的順著大家轉頭的方向，往後一瞧。

坐在我左後方，藍同學的手，舉著一個大寶特瓶水壺，右手還懸在半空中，左手拿著瓶蓋。藍同學像被點穴般，無法動彈。那個年代，很多男同學都用1250C.C. 的蘋果西打寶特瓶當作水壺。

「你給我站起來！」老師的第二聲怒吼飆來，藍同學邊抖邊站起身，大家眼

光都聚集在他身上。

「水壺給我拿過來！」老師的第三聲怒吼，嚇得臉色鐵青的藍同學齜牙咧嘴。

藍同學把看起來只喝了一口，還裝著滿滿的水，沉重無比的大水壺交給老師。

「上課喝水，你了不起哦！老師在臺上講得口乾舌燥沒水喝，你在臺下，竟敢喝水！你懂不懂什麼叫禮貌？」聞畢，大家不禁搖頭，這下代誌大條了。

「很愛喝水哦？有這麼渴是不是？」聽到老師說話的尾音上揚，臺下的我，忍不住胡亂猜測，這次又是什麼前所未見的狠招要使出來，同時，心裡開始為藍同學默哀。

「上課喝水，喝飽了沒有？」又是尾音上揚。

「既然這麼愛喝水，那就為我們表演喝水，讓你一次喝個夠！」老師那雙望而生畏的眼睛，加上雷霆威嚴的聲音，讓人不寒而慄。

「喝啊！看什麼看，不是很愛喝水？」老師齜牙咧嘴，瞪目一喝。

站在斷頭臺上的藍同學，抖著手接過老師遞來的寶特瓶，扭開瓶蓋，開始喝水。咕嚕咕嚕⋯⋯，我們在臺下為他捏一把冷汗，喝水喝得這麼猛，會不會出事啊？

咕嚕咕嚕⋯⋯，藍同學一口氣，喝了四分之一瓶的水。老師在旁邊，露出得意的微笑。

早上第一節課，看到藍同學猛灌水的情形，我摸著自己還飽脹的肚子，心裡暗自希望他早上沒吃早餐，這樣胃還有容量可以裝水。

咕嚕咕嚕⋯⋯，藍同學持續灌水，但是，臉色開始出現不妙的變化。

咕嚕咕嚕⋯⋯，寶特瓶已經被他喝了二分之一瓶。

藍同學應該是沒吃早餐，所以才能這樣喝。

「怎麼停下來了？不是很愛喝水嗎？繼續喝啊！」老師瞪目獰視，臺下的我們噤不敢呻。

藍同學緊閉雙眼，臉上露出極大的痛苦，一手抱著肚子，一手⋯⋯又舉起寶特瓶，張開嘴巴。突然，藍同學彎下腰，作勢嘔吐，他迅速伸出手，連忙摀住嘴。

「裝什麼裝？不是很愛喝水嗎？」老師露出獰笑，但我們根本笑不出來。

此刻，我們不是坐在教室，而是坐在雜草蔓生，荒涼深山的公墓裡，身旁的

荒塚，陰森恐怖。除了兩腿發軟，眼前的怵目驚心，讓我雞母皮全豎起來。

「還有半瓶，繼續喝啊！」看到藍同學乾嘔後，老師面若冰霜，冷冷的說。

藍同學舉起寶特瓶，咕嚕咕嚕喝了起來……。突然，藍同學彎下腰，作勢嘔吐。他摀住嘴，歇了五秒，撐住，努力不讓胃裡的水往外衝。然後，他大吸一口氣，舉起寶特瓶，抬起頭，咕嚕咕嚕。藍同學一口氣將剩下的半瓶，喝完一半。

我看到旁邊的男同學，緊張中帶著鼓勵與期待的雙手握緊拳頭，似乎想用眼神與握拳，明示暗示藍同學，「加油，快喝完了！快喝完了！」、「你一定可以，再撐一下。」

我看到旁邊的女同學，默默的將原本擺在桌上的水壺，藏進書包，並把書包的拉鍊拉緊，以防自己不小心口渴誤喝了水。

老師翻白眼，一副「你到底要喝多久才能喝完」的厭世臉。

藍同學再度艱難的舉起寶特瓶，皺眉痛苦的緊閉雙眼，摸著肚子，再大吸一口氣，跟剩下的水拼了。我看見蜘蛛網上的小飛蛾，由奮力撲動著翅膀，到力量越來越薄弱，氣息奄奄，只剩垂死掙扎。

藍同學喝完最後一口，舉起瓶子，眼角飆出勝利的眼淚，但是，旋即難受的大哭起來。

臺下的男同學，報以熱烈的掌聲，彷彿為藍同學馬拉松 42 公里的疲勞長跑歡呼。1250C.C. 的水，幾分鐘之內，就在我們眼前消失。如果是我，無論如何都不可能喝得完。只是，這麼龐大的水量，他的胃能否承受？

「看到沒？誰敢在上課喝水，下場就是這樣。」老師露出鄙視唾棄的眼神。

教室，不是教室，是十八層地獄；老師，不是老師，是讓人心生畏懼的閻羅王；學生，不是學生，我們是上輩子含冤而死的孤魂野鬼，誤入地獄，在這裡被一層一層生吞活剝的審判，步步驚心，層層震撼。

突然，藍同學彎下腰，作勢嘔吐，他迅速伸出手，連忙摀住嘴，臺下一片譁然。他臉上的表情劇烈變化，全身顫抖，少量的水，從藍同學的嘴裡噴出，他迅速摀住嘴，我們大驚失色。

藍同學的五隻手指頭再也遮攔不住，像噴泉般狂嘔出一大灘水。

接著，藍同學又彎下腰，作勢嘔吐，巨量的食物泥，從他的胃裡傾瀉而出。

原來他有吃早餐，還吃得不少。藍同學直不起身，吐得連膽汁都嘔出來，那酸臭味，讓第一排的我們掩鼻而閃。他虛弱的抬起頭，面無血色，臉上是淚還是汗，我們已分辨不出。他看著一地的慘不忍睹，嚇得魂不附體。

老師猶如閻羅殿上的判官，動態展示十八層地獄的刑罰，用來警示學生勿做壞事，這些令人嚇破膽的實境審判，確實達到了深刻的警惕作用，且效果無期限。雖然我們才小學，但已見證人生最真實的靈異世界。

看到一地的嘔心瀝血，老師鐵青著臉，啞然失色。我們在地獄龍捲風的中心搖搖晃晃，看到藍同學淒慘的下場，眼裡充滿無法消散的痛惜。我想，大家應該把老師的祖宗三千代，全部罵了幾十遍。

▽ 良好的師生關係，教室也可以是樂園

以前威權式的管教，老師說一就不能有二；填鴨式的教學，流行「背多分」。這樣的學習過程，總讓我覺得上學是件非常痛苦的事。

那個年代，棍子體罰滿天飛，教室外，天天有人在跳青蛙跳，從走廊的這一頭，一路跳到遙遠的盡頭；教室內，天天有人在做仰臥起坐、伏地挺身、半蹲。每天來學校，不是處於驚恐害怕之中，就是看見同學被「拖出去斬了」的那種殺雞儆猴之創傷症候群。在學校生活的每一天，都害怕下一個受害者會莫名其妙變成自己，日子過得漫長而煎熬。

自太陽升起踏入校園後，生命就是這樣無止盡的輪迴，好像永遠熬不出頭，也看不到痛苦的盡頭，學校如同煉獄般，將我們的青春年華整個吞噬進去。

沒想到，長大後，自己成為了老師。我，開始有了扭轉學生生命的契機。

過往求學經驗，我深刻明白「恐懼教育」使人害怕，讓學生在高張力、高壓迫下學習，通過粗暴的教育方式，透支孩子的生命力，削弱孩子的心理能量，來達到控制對方行為的目的。以強欺弱、以大欺小，孩子看起來是聽話了，但是，那些被壓抑的情緒，不是不見了，而是存在內心更深的地方，孩子因為恐懼，不得不服從。

恐懼，是人類演化上相當重要的情緒反應，它讓我們在面臨危險的時候，瞬

間做出反應，要戰鬥？還是拔腿就跑？如果恐懼的感覺如湧泉般隨時湧出，孩子既不能與老師對戰，也無法逃離教室，隱忍負面情緒，這會使孩子的精神出狀況，憂鬱、焦慮、強迫。

孩子處於高度緊張，這會影響孩子的認知判斷、學習發展，弱化獨立思考，更無法專注於學習。窒息的環境，孩子感受到的是屈辱，體會到的是自卑，學到的是蠻橫，激起的是叛逆與報復。

負面情緒累積多了，慢慢會以各式各樣的情緒及行為問題表現出來。孩子的生理與心理，都會因為在責難下，導致心理扭曲變形，變得更加叛逆與固執，結果只會讓孩子對學習更加厭惡。

恐懼教育無法讓孩子健康成長，孩子在粗暴的對待下，只會變得自卑、內向退縮、不敢表達自我意見和需要，缺乏人際溝通能力，缺乏自我管理、自我反省的能力，甚至變得冷默無情，毫無憐憫之心。

蒙特梭利博士說：「每種性格缺陷，都是由兒童早期所承受的某種錯誤對待造成的。」我們不是想把孩子教得越來越好嗎？怎麼走著，教著，卻背道而馳了？

成為老師，不等於會當老師；成為爸媽，不等於會當爸媽。現代的家長與老師，皆需要虔誠的學習如何當個好大人，因為，我們極為容易，就輕易施加恐懼教育於孩子身上，我們正不自覺，複製了上一代錯誤的對待方式，那個我們自以為最速效的方式。

學生與老師的關係，孩子與爸媽的關係，都是生命中最深刻的一段關係。在這樣深度關係中所傳遞的，不論惡與善待，都會給孩子留下終身印象和一生的影響，哪怕只有兩年的相處。不管教室裡有多少胖虎、小夫、阿斗還是乖巧的靜香等，凡透過打罵能解決的問題，透過友善良好的態度，也可以解決。

為了避免走上過去的恐懼教育，老師必須學習照顧好自己的內在，以穩定理性的情緒，與孩子對話、提問、關懷與同理。孩子會發現，老師不用把罵人威嚇，說成「都是為你們好」；不用把發脾氣怒吼，說成「這是教育你們」；不需要包裝「扭曲的愛」、「變形的愛」來碾壓孩子。

大人與孩子之間，不用在屈服與反抗之間拔河，只需心平氣和的理性對話。

孩子從老師身上看到老師溫和且以禮待人，他們回報老師的，也會是溫和，且以誠相待。當孩子情緒上來，氣急敗壞的看著溫和、平靜且理解他的老師，氣也發不起來。

良好的師生關係，與和諧的同儕關係，是吸引孩子樂於上學的重要原因。教室可以是快樂的樂園，也可以是無情的地獄。

成為老師後，我希望自己能成為自己小時候最想遇到的那種老師，就像校園電視劇《我們這一班》裡的季老師。她總是溫暖，充滿愛心，對於孩子犯錯，總是願意傾聽原因，體諒包容學生因為欠缺周密的思考而犯的錯誤，不會責罵學生，永遠給予改過自新的機會。季老師更陪伴學生探索生活的衝撞、掙扎、歡喜與憂愁，讓學生從中學習勇於面對生命中的每個課題。

除此之外，也希望自己像校園生活喜劇《麻辣鮮師》裡的麻辣教師磊哥，設身處地為學生著想的態度，讓問題學生一一改過向善。

期許自己把教室變成天堂，一個正向成長的學習場域。目前，正在這條路上持續努力著。

33

多冷靜兩分鐘，
結果大不同

　　一如往常批改著作業，一本接一本，改完數學，趕緊抱來國語習作，翻開第一本，映入眼簾的是潦草不堪、急躁火爆的字跡，眉頭不禁皺了起來。

　　有些字的結構只寫了上半部，下半部不見；有的只寫了左半部，右半部不見。所有字體的「橫直轉折」全都變成圓形，不但字句與字句重疊，還一會兒「直著寫」，一會兒「歪著寫」，寫歪的文句甚至無情霸道的壓在「黑色印刷體」的題目上。

　　嘖嘖嘖，怎麼會有孩子把答案寫在題目的字上？

▽ 「放慢速度」，讓情緒再冷靜兩分鐘

　　從沒看過這種「急急體」，這作業感覺像是在十萬火急的情形下拼出來的。往後翻了三頁，皆是如此，這龍飛鳳舞的字，簡直比廟裡的符咒還令人難解。

　　當老師多年，每天批閱學生的作業，認字如同認臉，對於孩子字體的「風格」及「個性」，老師可謂瞭若指掌。就連阿拉伯數字也難不倒我，光從一個數字，我也辨識得出來是哪個學生寫的字。

　　但是，這一本，不管看幾眼，看多久，根本認不出本子的主人是誰？到底是

誰把作業寫成這樣，連基本誠意都沒有？忍不住翻到封面，看看究竟是何方神聖。

　　看到名字，嚇壞我也！「怎麼可能！」是我冒出的第一個反應。男孩平日的字，可是工整又秀麗，一筆一畫就像是拿著雕刻刀精刻出來的，完全不打馬虎眼。每次改到他的作業，總是點頭又微笑，忍不住拿出一級棒的印章，加蓋好幾個。

　　怎麼今天的字，變成「急急體」？

　　我耐著性子，等待孩子從科任課教室回來。

　　看見男孩一進教室，立刻喚了他，我用極為平靜且略帶好奇的口吻問他。

　　「我……我……昨天忘了寫國語習作。」男孩顯得不安。

　　「你別緊張，你知道的，老師不會罵人。只是，老師很好奇，你昨天沒抄聯絡簿，是嗎？」我輕輕的問，同時歪著頭，幾乎想不出男孩有缺交作業的記錄。

　　「我有抄聯絡簿，但是……沒……沒有拿出來看。」男孩結結巴巴。

　　「為什麼沒有拿出來看？」我問。

　　「我……憑印象記功課，我……我以為……只有數學一項……。」記錯的他，一臉歉意。

　　這個「憑印象」，悄悄觸動了我的心，想起自己小時候也犯過同樣的錯。當我還是六年級小學生時，曾經誤以為自己是「金頭腦」，覺得聯絡簿就是在抄假的，只是抄給老師檢查用的。回家，只要把聯絡簿丟給媽媽，媽媽簽完名，就可以馬上塞進書包，連看都免了。

　　長期以往皆是如此，從來沒有出過紕漏。殊不知，隔天課堂上老師要收作文作業，我滿腹狐疑，哪來的作文？當我看到後面那位，十次有九次不會寫作業的大魔王，交上他的作文作業，我的臉，一陣火燒似的發燙，一路燒到耳朵。什麼自以為是的「金頭腦」，這才驚覺自己根本就是「豬腦袋」！

　　從回憶中清醒，看見眼前聽候發落的男孩，我回過神問他：「所以，全班交作業的時候，你突然發現沒寫，趕緊拼完，字才會這麼潦草，是嗎？」我問。

　　「不是，不是，我不是在教室寫的。」男孩連忙否認。

　　「不是在教室？不然，是在哪裡寫的？」我很好奇。

　　「我是在家裡寫的。」男孩回答。

「在家裡寫的？今天早上，是嗎？」我難以置信。

「對。」男孩點點頭說。

聽到他的回答，令人疑惑，通常孩子們忘記寫功課，九成九都是到班上「交作業」時才會發現。怎麼，早上會突然發現自己的國語習作沒寫？我大惑不解。

「早上出門前，我都會再看一次聯絡簿，核對功課，結果發現漏寫了國語習作。」男孩回答。

「早上出門前，你檢查作業，然後發現沒寫，於是拼命趕寫？」我大吃一驚。

「對！」男孩點頭。

▽ 天下沒有故意不聽話的孩子

聽到這，我愣住。教學漫漫，首次聽到有人早上還會再檢查一次書包。小學生若是晚上「睡覺前」能檢查書包，為師的我就要偷笑了，男孩竟然「出門前」再一次檢查書包。聽到這個舉動，對照我自己，真是無比慚愧。自己常常是到教室後才發現被鬼遮眼，「糟了！隨身碟忘了帶」、「慘了！連手機也沒拿。」

倉促之中，孩子的字體凌亂，但是，光是出門前「再三確認」的謹慎態度，就令我佩服！男孩是負責開教室大門的負責人，必須早點到教室，發現缺寫功課，內心一定十分著急。其實，他大可開門後再慢慢寫也無妨。

雖然在班上，功課忘記寫，也不會有什麼「致命的危機」，找空補寫就好了，但男孩選擇在家完成，也準時到班上開門。所以，字跡潦草，情有可原，我非但沒計較，還因為「出門前的再三檢查」在班上誇獎了他。

後來，下午得空，將此事情傳訊息先告知媽媽，並稱讚孩子出門前的「再三確認」。

媽媽對老師直說抱歉，並說出這兩天因為阿媽車禍，要開刀住院，媽媽醫院、家裡兩邊跑，蠟燭兩頭燒。平日都親自簽聯絡簿，並替孩子一一檢查功課，但是，男孩不忍媽媽太累，晚上十點多回家還不能休息，就說功課的事「自己能處理」，媽媽就沒再多問了。為此，媽媽還自責了起來。

聽到這，暗自慶幸，早上的處理有「放慢速度」，再讓情緒多冷靜兩分鐘。

原本看到不成模樣的字，還有點「血壓飆升」，但是，以我對男孩的了解，又覺得事有蹊蹺，如果能夠好好寫作業，孩子是不會故意胡亂應付的。

　　老師每天在教室，都會遇到新的問題，其中，很多地方都需要運用我們對孩子或家庭的了解及領悟，關注孩子的內在需求，保護孩子的自尊，傾聽孩子的聲音，「放慢速度」，讓情緒再冷靜兩分鐘，有其必要。

　　天下沒有故意不聽話的孩子，只要用對方法，孩子都是好孩子，需要我們心懷謙卑的以誠相待。

　　有時候，眼見不一定為真，這背後隱藏著其它因素，造就成我們現在看見的樣子。多些耐心，做好細節，就能從混沌走向清朗，化危機為轉機。當我們能對一人一事給出豁達和寬容時，親師生關係也就能更加和諧。

34

孩子被投訴，
是誰的問題？

女兒兩歲，準備就讀幼幼班，身為人母的我，既期待又害怕受傷害。

以前大部分的時間都是在家中及保母家，現在，她將脫離單一的照顧環境，進入文化與環境相對刺激多元的幼兒園。

到時候會有很多同學與她一起學習，她會漸漸明白上學是怎麼一回事，會跟許多小可愛們一起學習生活自理、唱歌跳舞、吃飯午睡。

這次，是真實的體驗，不是從繪本看來的故事，也不是聽媽媽說教室裡的生活。豐富的教具、同儕的互動、活潑有趣的教學，在老師適切的引導及有系統的課程安排下，連我也期待孩子進入幼幼班嶄新的生活。

▽ 剛開學就被老師投訴

但是，期待的同時，不免擔心，兩歲這麼小的年紀，聽得懂老師的各項指令嗎？能否跟上老師的教學步調？能否和諧的融入團體生活？常常在家磕磕撞撞，到學校會不會也是如此？還在包尿布的小娃，會不會是令老師頭疼的小孩？呆萌如她，會不會傻笨笨的被小霸王欺侮？她會喜歡老師？老師會喜歡她嗎？

雖然自己身為老師，但是想到兩歲的小孩，要學習獨立在幼幼班，沒有媽媽

隨身在側的日子，不免讓人捏一把汗。孩子都還沒進入班級，自己在家胡思亂想，自亂陣腳，希望，一切不過是庸人自擾！

除了做好入學前準備，繪本導讀之外，帶孩子先見過園長及老師。為了讓孩子熟悉環境，克服媽媽不在身邊的恐懼感，每天下午四點半，幼兒園放學拉開大門時，我會抽空帶孩子去幼兒園盪鞦韆、溜滑梯，把幼兒園的環境切換成她熟悉的「公園模式」，慢慢認識原來學校是這樣，逐漸提升好感度。其他的一切，就靜待真正進入幼幼班後，再做調整。

開學沒幾天，幼幼班老師跟我反應：「每次我們要集合，要大家坐在地板上的白線，瑜都不會過來？」

「地板的白線？」什麼白線？

「黑板前的地板上，有畫一條粗粗的白線，小朋友坐定位後，我們就開始上課。」老師解釋。

哦！原來幼幼班的小朋友齊坐在白線上，整齊劃一，真是妙方！雖然媽媽也是老師，但是隔幼兒園如隔山。

「都不會過來白線坐好？那……那……她是在做什麼？」我就知道，進入班級後，一定有新問題。

「她在後面玩教具。」老師回答。

「跟誰玩玩具？」我問。

「自己一個人玩玩具。」老師回答。

聽到這樣的情形，真是驚嚇，媽媽自己當老師，老師的孩子不守規矩這怎麼行？

才開學沒幾天，就被老師告狀。回家我得說說，下次老師喊上課，要馬上回應，並坐在規定的白線上。雖然才兩歲，我還是要瑜迅速配合，不可以拖拉，更不可以耽誤老師上課。

耳提面命後，隔天放學，老師跟我說：「上課喊集合，瑜還是不會主動過來坐在白線上。」

天啊！第二次告相同的狀，這事兒，我不是已經提醒過？沒有改善，老師該不會認為我是失職的媽媽？

我對瑜放慢語速，又再講了好幾遍：「不管老師在哪裡，只要上課，聽到老師喊你，就要趕緊過去，跟大家一樣坐好，坐在白線上，不可以耽誤老師上課。」

「有啊！我有！」瑜一頭霧水，她用天真無邪的聲音回答我。

如果你有，老師怎麼會跟媽媽反應？

「老師喊你名字，你有聽到嗎？」該不會玩玩具太專心，什麼都沒聽到？

「有。」

「老師喊你名字，你有立刻過去嗎？」該不會有聽到，卻沒行動？

「有啊！」

「你知道白線在哪裡嗎？」該不會不知道白線在哪？

「知道。」

「還是，教室裡有很多條白線？」我越想越複雜。

「……，好像只有一條。」

「你有確實坐在白線上嗎？」難道是坐錯地方？

「有。」

我來來回回確認，聽不出哪個環節有誤，瑜也說有坐在白線上。總之，兩歲的孩子腦筋也不是很靈光，既然老師又開金口，我就得再次提醒。

孩子為什麼聽不懂老師的指令？

第三天，放學時去接小孩，看見老師朝我走過來，心想，大事不妙，一定又是白線的事。果不其然，老師一開口就說：「今天喊集合，瑜還是沒有主動過來坐在白線上……。」

這是連續第三天被告狀，我真是想不通，同一件事，為何會次次做不到？教室的玩具是有這麼好玩，玩到不理會老師？還是，我家的小孩，其實有什麼注意力不集中的問題，不管喊幾次，通通有聽沒有到？

我忍不住蹲下問瑜：「老師上課，為什麼你沒有快點過去？媽媽昨天跟你說，要坐在白線上。」

「我有啊！」

「可是，老師說你沒有過去……」我皺起眉頭。

「我有啊！」瑜一臉無辜。

「老師當時是怎麼說的？」到底是不是兩歲的瑜記錯？

「老師叫我名字，我就馬上過去，坐在白線上。」不管問幾次，都是這個答案。再這樣子鬼打牆下去也是無解，我想，我應該再跟老師談談，於是回頭找老師。我告訴老師，瑜說她有做到，我想問，老師上課是怎麼跟孩子對話的？

「我就說集合、集合，然後她都沒反應。」老師回答。

「瑜沒反應，繼續玩玩具，對嗎？」我順著老師的話接著說。

「對，自己在後面玩玩具。」老師回答。

「那，瑜最後是怎麼樣正確坐在規定的白線上？」因為瑜總是說她有乖乖坐在白線上。

「就一定要我喊她的名字，每次都要喊她的名字。沒主動過來的，我就一一喊名字叫過來……。」老師皺起眉頭。

「那，瑜聽到老師喊她的名字，她有反應嗎？」我問。

「就是要喊她的名字，她才有反應。」老師回答。

「那，她聽到老師喊她，會馬上起身去坐在白線上嗎？」

「就是要喊她的名字，她才會過來坐在白線上。」老師回答。

現在回頭看這段過程，當時的我束手無策，因為不管怎麼問，兩邊的說法，聽起來都沒有什麼問題，我不知道到底哪裡出了問題。

沒想到進入幼兒園才幾天，就像進入鬼屋裡探險，步步驚魂。每當放學看見老師朝我走過來，簡直膽戰心驚，魂魄消散。自己身為老師，我竟然使不上任何勁，身體不受控制的陷入恐懼的螺旋當中，越鑽越深。

孩子被老師投訴，到底是誰的問題？

▽ 找到對的溝通頻道，問題迎刃而解

晚上睡前，我忍不住再問一次。

「為什麼老師說集合，你都不理他？」到底是要說幾遍，要坐在白線上。

我是不是要在家裡的客廳也畫上白線，訓練孩子學會坐在白線上。如果這招有效，畫幾條白線我都願意。

「……」瑜一臉黑人問號。

難道，我的女兒真的有某些奇奇怪怪的障礙存在，只是，超越媽媽目前對特

殊教育的認知？話還沒問完，媽媽內心已經上演無數個瀕臨崩潰的小劇場。

開學才幾天，媽媽一定要努力讓孩子喜歡幼兒園才行，不然，我幾個月以來的辛苦，都白費了。她才兩歲，我不可以生氣，更不可以抓狂。

「要集合的時候，為什麼你沒反應？」一樣的意思，我再問一次。

「什麼是『集合』？」瑜不解的抬頭問我。

「什麼是『集合』？你不知道『集合』是什麼意思？」我大夢初醒。

鬼撞牆好幾天，阿母我幾度驚魂喪膽，塵積多日的隱忍鳥事，一傾而盡，終於看見釋放原罪，沉冤昭雪得永生的光！

原來，不是瑜不乖，也不是瑜不願意行動，而是兩歲的小孩，根本不知道「集合」這個動詞的意思，難怪要喊名字，孩子才受理。煎熬了四天三夜的莫名其妙，終於結案！

▽ 老師的「課堂用語」格外重要

特別撰寫這篇文章的目的是什麼？撻伐幼教老師？表達家長不滿？發洩隱忍情緒？其實，都不是。

在教學現場中，不少教師的養成之路是一路從小優秀到大，最後因為成績優異取得教職。往往因為太優秀，誤以為這麼簡單的「集合」指令語，怎麼可能會有孩子聽不懂？

任教高年級的我，在同一個班級說話，每次說完話，都必須再三確認是否全班同學都聽懂、理解老師的意思，就算是高年級，聽錯話、看走眼、原以為是這樣的，大有人在。

所以，老師的「課堂用語」格外重要。老師說的每一句話，每位孩子「接收解讀」的能力，皆來自過去學習與生活經驗的總和，並不是所有孩子都能同時理解大人的每一個指令。尤其，現在隔代教養多，不少孩子學前是由阿公阿媽照顧，閩南語講得比國語還好；也有新住民媽媽教授孩子講母語（越南語等），國語不完全聽懂的孩子也有。

但要怎麼知道孩子到底有沒有聽懂老師說的話呢？當孩子一直無法遵守規矩時，師長除了同樣的指令，還另有他法嗎？

有，仔細觀察孩子的反饋情形。當孩子聽明白時，自然會照著老師的指令完

成。無法完成時，教師應該轉換一成不變的教學用語「換句話說」，並以孩子年紀能夠聽懂的話語進行溝通，或是上前關心並問問孩子無法配合的原因，找出問題點。

　　試想，聽不懂「集合」的指令語，如果這場景不是在安全的教室裡，而是在戶外教學的場域裡，會發生什麼事呢？

35

憤怒，
是不平與無助的強烈抗議

　　五上一開學，雖然師生彼此還不熟悉，但是，明顯感覺班上的孩子，尤其是男生群，對某一個男孩阿斗的忍受度特別、特別低。

▽ 每隔幾分鐘，就有人來告他的狀

　　告狀的內容不外乎：走路動作太大，擦碰到同學；分材料，搶先選自己要的；排路隊去科任教室，搶排第一位；午餐分水果，塑膠袋還沒拆，手已伸出要搶第一；渴望和他人玩，引起對方注意的方式是喊喂加打人；同學一指責，立刻全付武裝，豎起鋼刺，叫囂回應（以下省略30項……）。

　　似乎每一件事、每一個動作，阿斗都可以和同學吵起來。吵架時，除了動口，還會動手。

案例一：走過同學身邊，不小心擦撞

　　「吼，你撞到我了！」同學叫著。
　　「我哪有撞你？」阿斗馬上否認。
　　「還沒有？我桌上的水壺都被你撞掉了！」同學抱怨。

「又不是我撞的！」情緒開始緊繃，阿斗大聲回擊。

「明明就是你，還不承認！」同學不滿的高分貝，引起旁人的注意。

「你想怎樣啦！」惱羞成怒，阿斗動手推同學的肩膀。

「你幹麻推我啊？」同學大吼，觀眾聞聲而來。

「誰叫你一直說是我撞你？」怒吼同學幾嗓子，阿斗自己先哭了。

案例二：搶東西

「你搶什麼搶啦？」同學怒喊。

「我哪有搶？」阿斗馬上否認。

「我還沒發完，你急什麼啦？」同學又說。

「我又沒有搶！」情緒開始緊繃，阿斗大聲回擊。

「明明就一直搶，還不承認！」同學氣憤的高音，引起旁人注意。

「你想怎樣啦！」惱羞成怒，阿斗動手推同學的肩膀。

「你幹麼推我啊？」同學大吼，觀眾開始聚攏過來。

「誰叫你一直亂講？」怒吼的同時，阿斗自己抽抽噎噎先哭了起來。

原本無波無浪的下課時間，教室突然飄出煙硝味，不一會兒，對立的同學增加，新仇加舊恨，硝煙彌漫，戰火熊熊。

「自己招惹別人，還敢哭！」圍觀的同學憤憤不平。

「每次都只會用哭這一招……。」女生看了皺眉翻眼，兩手一攤。

幾次後，我發現，每次衝突，都有固定的劇碼公式可套。阿斗先是大吼否認、責怪、辯解，罵人兼動手推人，然後情緒上來，哭到全身發抖，一邊拼命喘氣，一邊號啕大哭，繼續否認及怨怪他人。

每次吵架，哭到自己氣勢全輸，不但一點威懾力都沒有，也震懾不住對方及觀眾，最後還被同學看笑話。

阿斗眼裡流露著不甘心與憤恨不平，覺得自己很委屈，卻又沒半個人相挺，有的只是不斷湧進的譏笑與嘲弄。

每次硝煙戰火中，阿斗都無法躲避那一句句橫飛而來的閒言碎語。眼淚照樣淌，無情的風涼話，與眼淚的量成正比！

「哭，是解決不了問題的。」
「哭，不代表大家要同情你。」女生語重心長的對阿斗說。
「中年級就爆哭，現在還這樣，可不可以換一下？」

同樣的戲碼重複上演幾輪後，觀眾的新奇感盡失，連看戲的故友，也忍不住抱怨。

「中年級就這樣」，原來，這樣的戲碼已經演完兩年，目前還在持續上映。這對五上剛開學的老師而言，劇情透露，無疑是加速認識孩子的方式之一。

　　一般孩子們吵架，越吵越兇，不外乎以下幾種情況：

❶ 覺得自己沒錯，據理力爭。

❷ 發現自己錯了，拉不下臉承認或認輸，遂用吵架聲勢來胡弄觀眾，擾亂視聽，讓後來加入的觀眾看得一頭霧水，蹭一下人氣，刷一下存在感。

❸ 希望看戲的觀眾發揮強大的同情心，給出如親衛隊般的支持，安慰自己受傷的心靈。

通常第一種，真理會越吵越明，群眾及真理會站在正義的一方。第二種，有錯不承認，越吵，觀眾流失越快，就像歹戲拖棚的八點檔連續劇。第三種，希望觀眾發揮「大愛」熱心解救。通常這是緣木求魚，因為「口吐毒舌派」總是會大於「口吐蓮花派」，你看電視上那些大人就知道。

阿斗這種每吵必輸，每吵必哭，每吵一架，人氣就跳空跌停，周而復始，循環不斷，任誰都會對同情憐憫這件事感到麻痺。

我很好奇，小小的一件事，阿斗的情緒反應為何如此激烈，芝麻小事，都可以讓他爆炸。每次和同學吵完架，回座繼續悶哭，然後告狀者蜂擁而上。

心理學家曾對於「澈底釋放情緒」的效果進行研究，發現當專家要求受試者盡可能以「激烈的方式」表達自己的憤怒時，發現他們在發洩之後，變得更加易怒，一遇挫折，便更快的以憤怒進行回擊。

澈底表達憤怒，不但沒有讓他們情緒獲得釋放，反而使他們更習慣憤怒。當

憤怒變成一種習慣，受試者會越來越頻繁的以憤怒回應當下的沮喪，血壓與心跳也會隨之飆升。

顯見，憤怒，並不能讓自己的情緒舒緩，阿斗與同學們之間的戰火，也從中年級延燒到高年級。我想，這樣重複且無效的戲碼若沒被改寫，恐怕，到六年級畢業典禮那天，這齣戲還是沒法兒下檔。

▽ 寄人籬下，他什麼都不能擁有

我決定找他來聊聊。我喚了眼前的阿斗，聽到我喚他名字，一副很緊張的樣子。五上開學，是族群融合的摸索期，我發現，不管喚誰過來，孩子都會有一種沒事被老師叫到，好像是「闖禍出代誌」的那種尷尬臉。

「只是聊聊，老師想認識大家，剛好你在教室，先找你！」他聽完，鬆開肩膀，放下防備。

原來阿斗是單親，獨子，跟媽媽同住，因為經濟壓力，媽媽選擇大夜班。

晚上上班前，不放心阿斗一人在家過夜，所以從小一開始，媽媽就麻煩親友照顧他。

問了阿斗住在哪個親友家，他回答「不一定」。

「不一定？難道，你每天晚上住的地方不同？」我睜大眼睛問他。

「對。」阿斗回答。

「你都住哪？」我好奇的問。

「住在媽媽的朋友家。」阿斗回答。

「沒有阿公阿媽、姑姑、叔叔、阿姨、舅舅等親人嗎？」我問。

「沒有。」阿斗聳聳肩。

「為什麼沒有固定住在某個朋友家，換來換去？」我問。

「因為媽媽的朋友有時也要上大夜班，所以，就要去另一個朋友家住。」

「所以，媽媽就要再請其他朋友幫忙？」越問下去，我越覺得不安。

「對，有時去住幾次後，就不能再去住了……。」阿斗回答。

「為什麼？」我感到疑惑。

「因為只要晚上和主人家的小孩吵架或是打架，下次就不能去！」阿斗回答。

「你為什麼和人家吵架？去當客人，不是應該禮貌及客氣一點嗎？」我忍住

激動，保持鎮定並溫和的問。

「他們每次有好玩的玩具，好吃的糖果餅乾，全都不分給我。」阿斗面露委屈，他什麼都不能擁有，只能眼巴巴的看別人開心。

「為什麼？不是媽媽的朋友嗎？怎麼不與你分享？」我疑惑的問。

「那是他們家的東西，是他們的，分給我就會變少，他們不想分我……。」阿斗無奈的說。

「那可以不要再去這位朋友家住嗎？」我持續在情緒感受上回應孩子。

「不行。」阿斗篤定的回答。

「為什麼？」我不解。

「因為媽媽說，沒地方可以去了。」阿斗回答。

「所以，你只能在旁邊看著他們玩或吃？」雖然驚訝皺眉，但還是穩住自己的語調。

「……」阿斗臉色慘淡的點點頭。

平常，班上孩子不管分什麼，就算每人手中握有一把糖果，少一小顆，孩子都會爆雷斤斤計較。現在，面對玩具及糖果餅乾，強大誘惑當前，不但要澈底斷念，還要欣賞他人開心享用，這對十歲孩子來說，簡直是殘忍無情。

「你沒有跟媽媽說這些事嗎？」我心裡真是著急。

「有！」阿斗淡然回答。

「那媽媽怎麼說？」

「媽媽說，要忍耐，那是別人家，不管玩具還是餅乾糖果，都是別人家的東西。不可以和他們起衝突。不然，以後就不能再去住了。」阿斗緩緩的說。

「那，你有辦法忍耐嗎？」以阿斗在班上與人相處的情形，我很是擔心。

「……沒辦法，他們的玩具都很新奇，都是我從來沒看過的，我很想要玩。他們不玩的時候，我會偷偷撿來玩……。」說著，阿斗眼角開始泛出淚光。

「撿來玩一下下，應該沒關係吧！」我小心的問。

「反正他們也不玩，我玩一下下，結果他們發現就瘋狂罵我，我很生氣，就和他們吵起來，接著就打起來……。」講到這，阿斗還是憤恨不平。

「能不能跟大人，阿姨還是叔叔反應一下你被欺侮的事？」我感覺阿斗被視為局外人。

「沒有用，大人要做生意，沒時間管我們小孩的小事。」阿斗吞下無奈。

▽ 憤怒，是不平與無助的強烈抗議

幾分鐘前，我對阿斗的認知是缺乏耐性、易與人對立、暴怒衝動、好攻擊。現在聽他說自己的生活，同樣的生活情境，如果換成班上其他孩子，我找不到誰可以像阿斗這樣夾縫中求生存。

寄人籬下，大人無法顧及孩子的感受，阿斗必須小心翼翼看人臉色，處處謹慎行事，害怕惹他們不高興，變成拒絕往來戶。

對方小孩強勢，說一不二，也不坦誠，阿斗遇到不滿，無力反抗，無從辯解，仰人鼻息的生活，任人擺布，談什麼平等與尊重，個子再高也是受制於人，委屈只能淚往肚吞，獨自舔傷。

沒有人為他擋雨遮風，傷痕累累的阿斗，什麼時候才可以真正為自己而活？

我實在不忍，十歲的孩子，要承受無止盡的壓力，他的心裡一定一團火，堵著憋屈，焦慮煩躁，夜不能寐……。

之前不理解阿斗的情緒問題，這一瞬間，我突然全都懂了。每次分東西，永遠要搶第一；因為不搶，在主人家就沒機會擁有。被同學指責，極力否認到底；因為沒有錯，才能繼續待在主人家。和同學起衝突，豎起尖刺備戰；不強勢一點，臉只會被踩在腳底下。被同學怒罵，放聲哭號；只有在被迫害的環境下，才有被人關注的機會。

阿斗的情緒波浪，總是從小波浪，逐漸變成海嘯般難以收拾的局面。現在，我明白這些暗潮洶湧是從何而來，他從未被公平寬容的對待，權利受損，無人重視，有的只是貶抑及誤解。或許他的行為，正在為他內心的憤怒不平、委屈無助表達強烈抗議。

▽ 慢慢撕掉「負面形象」

眼下，我除了盡最大的力量帶領他乘風破浪，度過各種情緒波動之外，解除那些無效的因應方式之外，轉頭，看到其他孩子天真無邪、嬉鬧歡笑的面容，我決定先改善他被貼上的「惡標籤」開始，慢慢撕掉「負面形象」。

　　我找來阿斗，溫和又略帶請求的語氣跟他說：「老師可以請你幫個忙嗎？」

　　「很難嗎？」還好，阿斗沒有拒絕我的意思，我暗自高興，這是好的開始，他擔心無法勝任而已。

　　「只是一件很簡單的小事。」

　　「好。」阿斗欣然接受。

　　我跟他說，早上晨間打掃完畢，同學的竹掃把都沒有擺好，橫豎交錯，萬一等下有人不小心被掃把的樹枝刮傷就不好了，我請他把掃把朝統一方向排列整齊。

　　「就這麼簡單？」雖然他面露疑惑，但很快的開始整理掃把。

　　一會兒，他跟我說任務達成。我出來一看，哇喔！真的是排得很整齊！

　　我馬上回教室拿手機。阿斗不解的問：「老師，你為什麼要拍照？掃把有什麼好拍的？」

　　「我是要拍照傳給媽媽看啊！」我一臉興奮。

　　「為什麼？」

▲即使是排掃把這種小事，也可以累積孩子的自信心。

「因為以前老師找其他同學排竹掃把，他們通常都是拒絕我，覺得這工作為何要他做，或是跟我說，老師你怎麼不找別人排？要不就是隨便亂排一通，老師還要重新再排一次。」聽我講完，阿斗靦腆的笑了。

「你不但沒有拒絕，還排得非常整齊。老師要傳照片給媽媽看看，告訴她你有多棒！」

原本我打算阿斗只要願意排，我就會誇獎他，沒想到他這麼認真整理掃把，有別於多數人敷衍了事的態度。

「唉啊！這種小事不用跟我媽媽說啦！」阿斗有點不好意思。

上課了，我走到臺前，拿起麥克風，跟全班孩子說我要誇獎一個人，大家紛紛轉頭過來凝神靜聽，想知道老師如此慎重其事，到底是要誇獎誰？

「為什麼要特別誇讚這位同學呢？因為，他願意做別人不願意做的事，而且，他還特別認真的完成任務。讓老師覺得一定要公開他的優點，希望大家像他一樣棒。」

講了一串，還沒亮出底牌，底下已經開始出現猜測人選的聲音，但是，沒人猜中，孩子猜的全是品學兼優的好學生。越猜越錯，孩子像玩遊戲輸了般情緒越來越高張，對於謎底是誰，也越來越好奇。

當我公布阿斗的名字時，全班熱烈興奮的情緒，突然打入跌停板，跌破大家的眼鏡，大家萬萬沒有想到，會聽到阿斗的名字。臺下的阿斗，聽到自己的名字，嚇了一大跳，隨即用手摀住臉。

我知道，他不習慣全班注視他的樣子，也不習慣被老師大大誇獎，用手遮住臉，將訝異、害羞、高興等五味雜陳的心情全部遮起來。

此後，我常常以簡單的小任務，如澆花、擦黑板、發作業簿等事交辦給他，阿斗從不拒絕，也做得很好。我常在他任務達成後，公開在班上誇獎他。下課時，阿斗自己會前來問：「老師，有沒有什麼事需要幫忙，可以跟我說哦！」

這樣的次數漸多後，我發現，班上孩子對待阿斗的態度有了180度的轉變。以前不耐煩、忍受力極低的男同學，臉上出現了和順的線條。因為阿斗的付出，因為老師的鼓勵與提點，他在班級的形象澈頭澈尾的改變了。大家跟著他一起澆花、擦黑板及發簿子。

老師的重視、關懷、鼓勵，增強了阿斗的自尊與自信，也刺激了他服務人群的動機，看見同學對自己的肯定，阿斗做任何事則更投入熱誠與專注，更有耐心與同學好好說話，態度更加溫和平穩。

平庸的孩子也可以有突出的表現，在老師適當的鼓勵與稱讚，在同學的認同與欣賞下，更啟發了阿斗的上進心及學習動機，加快了他成長的速度。開學初那些火爆的爭執場面已不復見，「負面標籤」逐漸退去。

▽ 「一顆」紅色小番茄

某日一早進教室，看到自己桌上，一個透明塑膠袋裡，裝有一顆紅色的小番茄。紅色的小番茄，一顆？這是怎麼一回事？通常，孩子如果要與老師分享糖果餅乾等，一早進教室會直接擺在我桌上。

如果分享水果，有時是一小袋，有時是用保鮮盒裝好的削片水果，全班一起吃的那種分量。但是，今天，塑膠袋裡放的是「一顆」紅色小番茄。

不明白，一顆？這是怎麼一回事？

「誰在老師桌上放了一顆紅色的小番茄？」我問了在座的孩子。

孩子們回頭看我，看到老師手上的塑膠袋，再看到裡面裝著「一顆」小番茄。孩子們的嘴角，浮出一絲絲竊笑。

▲ 向老師表達謝意的珍貴番茄。

是否，孩子們也覺得「一顆」，與我們過去的經驗不同，所以笑而不答？

進教室前，已經有孩子下樓去打掃，我看，等大家回來再問。

幾分鐘後，拿著竹掃把、鐵耙、畚箕、垃圾桶，滿身大汗的孩子收工回來。

我環視全班：「請問，是誰在老師桌上，放了『一顆』紅色的小番茄？」再次展示塑膠袋。

眼神快速掃射班級一圈，確定每個人都聽到我的問題，我試圖從大家的表情找出關鍵線索。

有的人，瞪著兩隻眼睛，仔細瞧著。

有的人，斜著眼睛看我，嗤嗤竊笑。

有的人，掩口而笑，詭譎的笑。

我真是看不懂，這笑是什麼意思？是笑「一顆」番茄？還是在笑老師？

「不是你們放的嗎？」沒半個人說是，我也猜不透。

難不成，紅色小番茄，是別班孩子拿來的？

印象中，孩子們通常比較喜歡吃黃橙色的小番茄，比較甜。想到這，咦！該不會……該不會這顆小番茄，是誰不要，偏偏媽媽讓他帶一袋，硬逼他吃光？然後，勉為其難逢人就硬塞幾顆，最後剩一顆，沒人要，索性連同塑膠袋扔在老師桌上？這是他們竊笑的原因嗎？難道，這是一場惡作劇？

看著桌上的「一顆」紅番茄，左思右想。難道，近來班上有什麼事，是我疏忽了嗎？還是，我不小心誤會了誰？

下課鐘響，我回到座位，一個身影出現在我身邊，抬頭看，是阿斗。

阿斗彎下腰，臉湊過來，用手遮著嘴邊輕輕的說：「老師，那個小番茄，是我要給老師的。」

「啊！你為什麼不早說？」

阿斗低下頭不好意思的說：「因為只有一顆，我怕同學笑，所以不敢承認……。」

「那這一顆，是哪來的？」我問。

「我媽媽很會種蔬菜水果，這小番茄是今天早上，我家菜園裡長出來的第一顆！」阿斗得意又驕傲的說。

哦！原來，這是最珍貴且唯一的一顆，難怪用這麼大的袋子保護著。

「只有一顆，為什麼不自己吃，而是送給老師？」我好奇的問。

「因為，從以前到現在，你是第一個會誇獎我的老師。」說完，阿斗就跑了。

阿斗把最珍貴的小番茄，給了他最敬愛的老師，愛師在心口難開，謝謝這一顆小番茄傳達了他的心意。

曾經是刺蝟男孩的阿斗，如今也能向他人表達自己的關懷與心意。望著桌上的小番茄，我想這是全世界最有愛的番茄了。

▼ 晉如老師的教學工具箱。

內含第五章教室布置活動美術模版。
可下載後影印製作。

給力：我想教會孩子的事
林晉如的創意班級經營術

作　者／林晉如
叢書主編／周彥彤
封面、版型設計／FE 設計工作室
特約編輯／洪絹

副總編輯／陳逸華
總編輯／涂豐恩
總經理／陳芝宇
社長／羅國俊
發行人／林載爵

出 版 者／聯經出版事業股份有限公司
地　址／新北市汐止區大同路一段 369 號 1 樓
讀者服務／（02）8692-5588 轉 5312
2021 年 2 月初版 ．2023 年 2 月初版第 3 刷

ISBN：978-957-08-5696-5
定價：460 元

行政院新聞局出版事業登記證局版臺業字第 0130 號
本書如有缺頁，破損，倒裝請寄回臺北聯經書房更換。
聯經網址：www.linkingbooks.com.tw
電子信箱：linking@udngroup.com
文聯彩色製版印刷公司印製

國家圖書館出版品預行編目（CIP）資料

給力：我想教會孩子的事 / 林晉如著 . -- 初版 . --
新北市 : 聯經出版事業股份有限公司 , 2021.02
面；　公分 . -- (學習書)
ISBN 978-957-08-5696-5（平裝）
〔2023 年 2 月初版第 3 刷〕

1. 班級經營 2. 小學教學 3. 師生關係 4. 親師關係

523.7　　　　　　　　　　　　110000241

※ 特別感謝，本書所有線稿插畫由十歲插畫家辛婕瑜繪製。